Ute Sinn

# Deine Liebe lässt mich leben

Ein Buch für die Begegnung mit Gott

Ute Sinn

# Deine
# LIEBE
# lässt mich
# LEBEN

Ein Buch für die Begegnung mit Gott

*Ich verehre dich, Jesus, denn niemand kommt dir gleich.*
*Du bist mein Gott und König.*
*Ich erhebe deinen Namen, Herr. Dir sei Ehre, Ruhm und Macht!*

Die Bibelverse wurden, soweit nicht anders angegeben,
folgender Ausgabe entnommen:
Neues Leben. Die Bibel, © 2002 und 2006 SCM R.Brockhaus
im SCM-Verlag GmbH & Co. KG, Witten
Weiter wurde verwendet:
Lutherbibel, revidierter Text 1984, durchgesehene Ausgabe
in neuer Rechtschreibung, © 1999 Deutsche Bibelgesellschaft, Stuttgart. (LUT)
Hoffnung für alle®, Copyright © 1983, 1996, 2002 by Biblica Inc.™. Verwendet mit
freundlicher Genehmigung von 'fontis – Brunnen. (HFA)

© 2015 SCM R.Brockhaus im SCM-Verlag GmbH & Co. KG
Bodenborn 43, 58452 Witten
Internet: www.scmedien.de; E-Mail: info@scm-brockhaus.de
ISBN 978-3-417-26617-7 (SCM R.Brockhaus)
Bestell-Nr.: 226.617
ISBN 978-3-95568-092-3 (Bibellesebund)
Bestell-Nr.: 71622

Umschlaggestaltung: Julia Neudorf, Gummersbach
Titelbild: Ute Sinn
Satz: Breklumer Print-Service, www.breklumer-print-service.com
Druck und Bindung: Druckerei Theiss GmbH – www.theiss.at
Gedruckt in Österreich

# Inhalt

# Vorwort

Utes Augen leuchten. Sie steht neben der Staffelei und erzählt die Geschichte zu dem Bild, das darauf steht. Warum sie es wie gemalt hat und welche Bedeutung für sie hinter den vordergründig sichtbaren Dingen liegt. Welche geistliche Dimension im Hintergrund für sie aufleuchtet. Was sie davon für ihr Leben gelernt hat. Wie ihr die Augen aufgegangen sind. Welcher Schatz ihr hier begegnet ist. Und freigiebig lädt sie den Betrachtenden ein, hinzuschauen und die Weite, die Heilung, die Heiligkeit, das Licht, die Liebe, das Leben selbst zu spüren und zu sehen – sich gar mit der eigenen Geschichte wiederzufinden. So lässt sie teilhaben an Hintergründigem und Heilungsprozessen. Sie teilt Gutes aus. Kunst überspringt den Verstand und spricht direkt zum Herzen. Ute hat die Gabe, Menschen auf diese Weise ganz tief anzusprechen.

Und sie ist mutig. Sie ist einen weiten Weg gegangen, von den ersten Versuchen hin zu diesem Buch. Tastend, vorwärts, zagend, mutig, fragend: „Könnte Gott mir hier etwas anvertraut haben? Könnte es sogar sein, dass es anderen Menschen dient? Wie geht es mir damit, mein Leben so offenzulegen?" Ich habe ihren Entwicklungsprozess dann und wann ein wenig begleiten dürfen und gesehen, wie „Phönix aus der Asche" steigt. Das ist so ermutigend!

Ute Sinn hat Jesus lieb. Immer wieder erlebt sie, wie aus ihrem Lebensweg und dem Gebet, aus dem Gespräch mit Jesus über ihre Fragen, ihre Freude und ihre Verzweiflung die Motive in ihr „wachsen". So steht sie selbst berührt und staunend vor ihrem guten Hirten – und nimmt mich unversehens in das Staunen mit hinein. Ich wünsche Ihnen dasselbe.

*Christel Eggers, Cuxhaven*

# Einführung

Der Glaube an Gott ist eng verknüpft mit seiner Liebe zu uns Menschen, ja, ohne seine Liebe gar nicht denkbar. Theoretisch wissen wir das möglicherweise, aber praktisch kommt es oft in unseren Herzen nicht an. Deshalb möchte ich mit Ihnen auf Spurensuche gehen, die Liebe Gottes in Ihrem persönlichen Leben zu entdecken. Dazu schauen wir drei verschiedene Bereiche der Liebe Gottes beispielhaft an:

Angelehnt an einige „Ich bin"-Worte von Jesus aus dem Johannesevangelium werfen wir zuerst einen Blick auf Gottes Wesen und Charakter. Dann schauen wir, wem Gottes Liebe eigentlich gilt, und schließlich geht es darum, wie geborgen wir in der Liebe Gottes sind und was er für die bereithält, die ihn lieben.

Ich bin tief bewegt davon, wie umfassend die Liebe Gottes zu uns Menschen ist. Dies wird deutlich an biblischen Personen, die seine Liebe an Herz und Leib erfahren haben. Die persönlichen Erlebnisse nach jeder Betrachtung zeigen überdies, dass sie auch heute elementar erfahrbar ist. Die Menschen, die hier mit ihren Lebenszeugnissen vorgestellt werden, haben mir hierzu ihre Erlaubnis gegeben.

Um der Liebe Gottes weiter auf die Spur zu kommen, gibt es Anregungen, Fragen, Zitate und Texte zum Nachdenken und Nachspüren. Als Künstlerin bin ich ein visueller Mensch. Gemälde sprechen auf eine andere Weise als Sprache zu uns, und so wird zu jedem Kapitel auch ein passendes Bild vorgestellt.

Meine persönliche Lebensgeschichte ist ein Zeugnis davon, dass Gottes Liebe heilen und leben lässt. Meine Dankbarkeit Gott gegenüber kann ich kaum in Worte fassen. Seine Liebe lässt mich leben!

Ein großes Dankeschön an dieser Stelle besonders an meine Familie: Martin, Victoria, Annina, Philip und Aline. Mit euch zu leben und mit euch zu lieben ist ein riesengroßes Geschenk!

Ich wünsche Ihnen viel Segen und das spürbare Erleben der Liebe Gottes beim Lesen dieses Buches.

*Ute Sinn*

## Kapitel 1

# GOTT, DER LIEBEVOLL SORGENDE

## „Ich bin der gute Hirte"

Weil ich Jesu Schäflein bin,
freu ich mich nur immerhin
über meinen guten Hirten,
der mich wohl weiß zu bewirten,
der mich liebet, der mich kennt
und bei meinem Namen nennt.

*Henrietta von Hayn, 1778*

Ich bin der gute Hirte. Der gute Hirte opfert sein Leben für die Schafe. Ein Schäfer, der nur für Lohn arbeitet, läuft davon, wenn er einen Wolf kommen sieht. Er wird die Schafe im Stich lassen, weil sie ihm nicht gehören und er nicht ihr Hirte ist. Und so greift der Wolf sie an und zerstreut die Herde. Der bezahlte Arbeiter läuft davon, weil er nur angeworben wurde und die Schafe ihm nicht wirklich am Herzen liegen.

Ich bin der gute Hirte; ich kenne meine Schafe und sie kennen mich, so wie mein Vater mich kennt und ich den Vater. Ich gebe mein Leben für die Schafe.

Johannes 10,11-15

Manche Bilder berühren das Herz, und die Seele atmet auf. Zu diesen Bildern gehört sicherlich auch das von Hirte und Schaf. Ich sehe einen Hirten in einer sonnigen, schönen Heidelandschaft vor mir. Inmitten seiner Heidschnuckenherde steht er mit seinem Schäferhund, stützt sich gemütlich auf seinen Stab und blickt versonnen in die weite Landschaft.

Jesus hat immer gern in Gleichnissen zum Volk gesprochen, hat Situationen aus dem Alltag genommen, um den Menschen deutlich werden zu lassen, was ihm am Herzen lag. Ich stelle mir oft vor, wie Jesus inmitten von seinen Jüngern, Freunden und Zuhörern sitzt und erzählt. Nun spricht er davon, dass er der gute Hirte ist. Meine Vorstellung von dieser Szene ist nicht weit weg von dem Hirten inmitten seiner Schafherde.

Schon David hat im 23. Psalm verkündet, dass Gott sein Hirte ist, und nun bezieht Jesus dieses bekannte, alte Bild auf sich. Doch was genau bringt er damit zum Ausdruck?

Ein Hirte im damaligen Israel musste ein Kämpfer sein. Seine Herde war ständig in Gefahr. Diebe versuchten immer wieder, Schafe zu stehlen. Bären, Pumas und Wölfe konnten eine Herde angreifen. Jesus stellt also klar, dass er ein Schutz für die Menschen ist und ein Verteidiger vor Gefahr sein möchte. Wir sind sicher bei ihm!

Auch war das Land Israel karg und Wasser häufig Mangelware. Es war nicht immer einfach für den Hirten, die Herde durchzubringen. Dazu kam noch die viele mühsame Arbeit: Futter besorgen, Wasser herbeischaffen, Klauen schneiden, Geburtshilfe leisten, ausmisten. Ein guter Hirte musste also bereit sein, sich ganz und gar, mit Leib und Seele, mit seinem ganzen Leben für seine Herde einzusetzen. Sonst waren die Schafe in Gefahr. Jesus sagt daher mit diesem Gleichnis, dass er die Menschen mit allem, was sie zum Leben brauchen, versorgen möchte – selbst wenn dies den Tod für ihn bedeutet.

Ein guter Hirte kannte außerdem seine Herde. Jedes seiner Schafe trug eine spezielle Markierung, eine Tätowierung, seines Hirten im Ohr. Dieses Zeichen zeigte den Besitz an und war gleichzeitig ein Qualitätsmerkmal. Jesus sagt auch uns, dass er uns kennt und wir zu ihm gehören.

Und schließlich: Für einen guten Hirten gab es keine größere Belohnung, keine tiefere Befriedigung, als zu erleben, dass seine Schafe zufrieden, wohlgenährt, in Sicherheit waren und gut gediehen. Ebenso möchte Jesus, dass es uns gut geht. Er schaut uns mit liebenden Augen an und freut sich, wenn wir fröhlich sind.

Das Bild des Hirten mit seiner Schafherde spricht uns heute noch so ins Herz, weil wir spüren, welche Liebe Gottes darin zum Ausdruck kommt. Er will uns Geborgenheit und Sicherheit geben. Das heißt nicht, dass uns Nöte, Ängste, Krankheit, Leiden und Sterben erspart bleiben. Es bedeutet aber, dass wir uns dem Guten Hirten anvertrauen können, weil er mit und für uns ist.

# Bei dir

Sicher und geborgen,
warm und beschützt.

Hier darf ich sein –

in der Manteltasche
des Hirten.

Mich ausruhen vom
steinigen Weg,
Kraft schöpfen für
die weitere Reise.

Ich höre die liebende Stimme:

„Fürchte dich nicht,
denn ich habe dich erlöst;
ich habe dich bei deinem Namen gerufen,
du bist mein."

# Gedanken zum Bild

Einem Familienmitglied ging es schon seit einiger Zeit nicht gut. Immer wieder klagte derjenige über Magenschmerzen. Kein Hausmittelchen schien zu helfen. Schließlich schaffte die Untersuchung beim Arzt Klarheit: Krebs. Wie eine Bombe schlug diese Schreckensnachricht ein und jeder in der Familie versuchte, mit dieser Krankheitssituation und den damit verbundenen Ängsten irgendwie umzugehen. Es begann ein Jahr der Operationen, der Chemotherapien, des Hoffens und Bangens. In dieser schwierigen Zeit wurde mir das Bild von Jesus als Hirte wichtig und ich wollte gern ein Bild dazu malen. Doch jede Skizze mit dem Hirten, der das Schäfchen auf dem Arm oder über die Schultern gelegt trägt, landete im Papierkorb. Diese Darstellungen trafen nicht, was ich auf dem Herzen hatte ... bis zu einer Skizze, in der das Schäfchen in der Manteltasche saß: eine ganz besonders nahe Stellung beim Hirten, bei Gott, beschützt und behütet. Der Hirte hat die Hände frei für den Stecken, um vor Gefahren zu schützen. Doch auch die Herde – uns als Familie – hat er im Blick. Nichts kann diesem Schäfchen – dem Kranken – passieren, was nicht an dem Hirten vorbeimuss. Es ist geborgen und darf sich in der großen Manteltasche ausruhen. Das Schäfchen spürt den Hirten und der Hirte hat den Überblick – was für ein Trost!

*Gemälde „Schäfchen" von Ute Sinn*

# Nachdenkenswert

Jesus sagt über sich, dass er der gute Hirte ist. Er kennt uns beim Namen, behütet uns und steht uns bei. Er will in Beziehung mit uns leben.

- Er kennt uns.
- Er gibt.
- Er liebt.

# Angeregt

Sie dürfen wissen: Jesus ist der gute, liebende Hirte. Bei ihm sind Sie sicher und geborgen. Wenn Ihnen heute Situationen über den Kopf wachsen, Sie ängstlich sind oder sich einfach gern einmal ausruhen wollen: Nehmen Sie gedanklich das Bild des Schäfchens in der Tasche des Hirten mit!

---

## Kapitel 2

# GOTT, DER LIEBEVOLLE VATER

## *„Ich bin der Weg"*

---

Möge Gott auf dem Weg, den du gehst, vor dir hereilen –
das ist mein Wunsch für deine Lebensreise.

*Irischer Reisesegen*

Jesus sagte: „Ich bin der Weg ...
Niemand kommt zum Vater außer durch mich."

Johannes 14,6a

Er war noch weit entfernt, als sein Vater ihn kommen sah.
Voller Liebe und Mitleid lief er seinem Sohn entgegen,
schloss ihn in die Arme und küsste ihn.

Lukas 15,20

Der Weg ist schon immer ein wichtiges Symbol für das menschliche Leben. Wir sind Wanderer. Der Mensch ist unterwegs, durch Höhen und Tiefen. Der Weg eines jeden ist anders. Es gibt keine Norm, denn jedes Leben ist einmalig und jeder Mensch ein Original. Doch dies ist auch gleichzeitig eine Herausforderung: Wir leben in einer Welt, in der so vieles möglich ist; so viele Wege scheinen jeweils denkbar zu sein. Und jeder Mensch hat schon die Erfahrung gemacht – oft auch erst im Rückblick auf eine Lebenssituation: Hier bin ich einen guten Weg gegangen und dort bin ich auf dem Holzweg gewesen.

Jesus macht deutlich: Ich bin der Weg, geh mit mir durch das Leben – kurzum: Geh den Jesus-Weg.

Dieser Jesus-Weg hat ein Ziel: die Gemeinschaft mit dem liebenden Vater. Und die bringt mit sich: Gerechtigkeit, Frieden, Freude, Annahme, herzlich willkommen zu sein.

Da kommt mir die Geschichte vom verlorenen Sohn in den Sinn: Ich stelle mir das so vor: Der Vater klettert auf das Dach des Hauses und hält voller Sehnsucht Ausschau nach seinem Kind, das mit dem Erbe durchgebrannt ist. Nach langer Zeit – endlich – sieht er ihn zurückkommen: zerlumpt, schmutzig und abgekämpft.

Was macht der Vater? Er sagt nicht: „Was kommst du einfach so daher? Jetzt wasch dich erst mal!", sondern er umarmt ihn, schenkt ihm einen wertvollen Ring, kleidet ihn ein und feiert ein Fest! Was für ein liebevoller Vater!

Der verlorene Sohn ist kein extremer Rebell, ein bisschen was von ihm steckt wohl in einem jeden von uns: die Suche nach dem Leben, nach Individualität, nach Freiheit und auch die tiefe Enttäuschung, wenn wir nicht das finden, wonach wir uns gesehnt haben.

Alle Empfindungen von Hoffnungslosigkeit über Mutlosigkeit bis hin zu Resignation und Erschöpfung sind in das Gleichnis des verlorenen Sohnes eingewebt. Nein, hier geht es nicht allein um den am Leben gescheiterten Penner, wie man auf den ersten Blick vielleicht denken mag. Da geht es auch um den Geschäftsmann, der unter dem enormen Arbeitsdruck leidet, die entnervte Mutter, die mit ihrer Tochter Schwierigkeiten hat, oder den Schüler, der keinen zum Reden hat, obwohl das Handy ständig bimmelt. Denn jeder von uns sehnt sich nach einem Zuhause. Nach einem Ort, wo man uns liebt wie wir sind. Wo man uns annimmt und vergibt. Wo man uns zuhört und versteht. Der einzige Ort, an dem unsere Seele zur Ruhe kommen kann, ist das Herz Gottes. Unglaublich, aber wahr: Der Gott, der das ganze

Universum geschaffen hat, will unser Vater, unser himmlischer Papa sein. Durch seinen Sohn, Jesus Christus, hat er uns den Weg aufgezeigt. Durch ihn können wir eine Liebesbeziehung zu ihm haben.

Vielleicht denken Sie jetzt: Ach, das gilt für Menschen, die Jesus noch nicht kennen. Die können sagen: Ich will mich aufmachen und zu meinem Vater gehen ... Aber ich, ich bin schon vor Jahren ‚heimgekommen'. Doch wenn ich ehrlich bin, kenne ich ebenfalls oft genug diese Leere und die Sehnsucht nach tiefem Glück und echter Geborgenheit. Auch ich bin leer und erschöpft.

Das Gleichnis vom verlorenen Sohn geht noch weiter. Da gibt es einen zweiten Sohn, der die ganze Zeit beim Vater gelebt hat. Allerdings denkt er, dass er für sein Zuhause etwas leisten muss; für die Liebe des Vaters hat er gearbeitet und gedient. Die Nähe seines Papas wurde zu etwas Selbstverständlichem und die Zuneigung erkaltete.

Das Christsein des zweiten Sohnes ist leb- und freudlos. Doch das ist nicht das, was Gott, der Vater, vorbereitet hat! Sein Wunsch ist, dass wir jeden Tag an seinem Herzen leben, in seiner Nähe sind. Einfach so. Aus Gnade. Wir müssen nichts dafür leisten. Weil Jesus sagt: „Ich bin der Weg", können wir mit und durch ihn in einer liebevollen Gemeinschaft mit Gott leben. Jeden Tag. Immer wieder neu.

# Einfach verschwunden

In einem Sommer waren wir während unseres Urlaubs mit unseren kleinen Kindern auf einem großen, regionalen Markt. Wir genossen es, an den Ständen vorbeizuschlendern, hier ein wenig Käse zu probieren, dort die vielen Obstsorten zu begutachten und zu beratschlagen, was wir für das Abendessen wohl alles benötigen würden. Die Kinder waren glücklich mit ihrem Eishörnchen und trotteten durch die Marktbesucher hinter uns her. Gerade, als ich Salat und Gemüse in meinen Korb verstaute, bemerkte ich, dass unsere jüngste Tochter nicht mehr hinter uns war. „Wo ist Annina?"

Suchend blickten wir uns um und sahen nur noch Menschen. Wir liefen unseren Weg über den Markt zurück, schauten in die schmalen Gassen zwischen den Ständen und riefen immer wieder ihren Namen. Auf einmal sah ich unseren Blondschopf wie angewurzelt mitten auf dem Marktplatz beim Brunnen stehen: Das Eis tropfte aus dem Hörnchen, Tränen liefen ihr übers Gesicht und die Augen schauten angstvoll über die Menschenmenge – es war offensichtlich: Sie hatte uns verloren.

Erst als ich laut ihren Namen rief, fiel alle Erstarrung von Annina ab und sie begann, über das ganze Gesicht zu strahlen. Die Tränen versiegten sofort, sie rannte auf uns zu und fiel uns erleichtert in die Arme. Und wie froh waren wir erst als Eltern, unsere Tochter wieder in die Arme schließen zu können – da war es egal, dass das zerlaufene Eis unsere T-Shirts ruinierte. Die Welt war wieder in Ordnung.

Jeder kennt wohl diese Augenblicke des Lebens, in denen wir uns verlassen und verloren fühlen. Manchmal haben wir uns selbst hineinmanövriert und manchmal stehen wir unverschuldet vor Herausforderungen, die uns den Boden unter den Füßen wegzuziehen scheinen. Dann empfinden wir Angst, Einsamkeit und fühlen uns verloren. Gott sehnt sich danach, dass wir uns ihm in solchen Situationen zuwenden und er uns in seine Arme nehmen kann. Er sucht uns, läuft uns entgegen und gibt uns nie auf – einfach weil wir seine Kinder sind und er unser liebevoller Vater.

# Gedanken zum Bild

Als unser Sohn von zu Hause auszog, schenkte ihm seine Schwester zum Abschied eine Fotocollage mit vielen Familienbildern. Ein Foto gefiel Philip besonders: Er war darauf als Einjähriger zu sehen, der sich zufrieden an die Brust seines Vaters kuschelte. „Das ist so ein richtiges Papa-Phil-Bild, mit viel Geborgenheit!", meinte er dazu.

Auch das Bild von Michael Willfort bringt diese innige Verbindung zum Ausdruck. Ein Kind schmiegt sich an die linke Schulter seines Vaters und genießt sichtlich die Geborgenheit und den Schutz. Der Vater ist von hinten zu sehen, sodass man sein Gesicht nicht erkennen kann. Aber es muss liebevoll und vertrauenerweckend aussehen, sonst würde das Kind nicht die Nähe des Vaters suchen, sich bei ihm festhalten.

Ich weiß nicht, ob Sie Geborgenheit, Schutz und Annahme bei Ihrem leiblichen Vater erlebt haben. Gott ist unser liebevoller Vater im Himmel, der sich uns zuwendet und uns schützt. Bei ihm können wir uns bergen.

Schauen Sie sich dieses Bild intensiv an und stellen Sie sich vor, wie Sie als Kind in den Armen des himmlischen Vaters geborgen und sicher seine Gegenwart genießen ...

*Gemälde „Vater" von Michael Willfort*

# Nachdenkenswert

Es gibt einen Jesus-Weg, der die innige Gemeinschaft mit Gott zum Ziel hat. Der liebende Gott, der unser himmlischer Vater ist, heißt uns immer wieder willkommen!

# Angeregt

- In welchem Sohn entdecke ich mich wieder? In dem verlorenen Sohn oder in dem zweiten Sohn? Warum?
- Welcher Lebensweg hat sich als Holzweg erwiesen? Bin ich umgekehrt? Wenn ja, was habe ich daraus gelernt? Wenn nein, was hat mich daran gehindert?
- Wo habe ich erlebt, dass Gott mich bereits erwartet hat, als ich zu ihm umgekehrt bin? Habe ich mich schon in seine Arme geworfen?

Immer langsamer gehend,
zaudernd,
die Angst im Nacken –
was wird mich erwarten?

Nur noch vor mich hin schauend,
nicht wagend,
aufzublicken –
die Scham
über meine Schuld im Visier.

Doch keine Wahl –
wohin sonst sollte ich gehen?

Als zu dir –
meinem Schutz,
meinem Befreier,

meinem Heil,
meinem Vater.

Ich komme,
hebe meine
Augen

und erlebe:

Ich werde erwartet,
bin angekommen,
bin willkommen,
werde liebend
umfangen,

bin zu Hause.

## Kapitel 3

# GOTT, DER DIE WAHRHEIT LIEBEVOLL SPRICHT

## „Ich bin die Wahrheit"

O komm, du Geist der Wahrheit,
und kehre bei uns ein,
verbreite Licht und Klarheit,
verbanne Trug und Schein.
Gieß aus dein heilig Feuer,
rühr Herz und Lippen an,
dass jeglicher getreuer
den Herrn bekennen kann.

Philipp Spitta, 1827

Jesus sagt: „Ich bin ... die Wahrheit ...
Niemand kommt zum Vater außer durch mich."

*Johannes 14,6b*

Pilatus entgegnete: „Dann bist du also doch ein König?" –
„Du sagst es: Ich bin ein König; du hast recht", erklärte Jesus.
„Dazu bin ich geboren. Ich bin gekommen, um der Welt die
Wahrheit zu bringen. Wer die Wahrheit liebt, wird erkennen,
dass meine Worte wahr sind." – „Was ist Wahrheit?", fragte
Pilatus.

*Johannes 18,37-38*

Was ist Wahrheit? Die Wahrheit scheint schwer fassbar zu sein. Wer von uns hat sich nicht selbst schon gefragt: Glaube ich, tue ich das Richtige? Schon immer beschäftigte die Frage nach der Wahrheit die Menschen. Auch Pontius Pilatus stellt sie, als er Jesus verhört: „Was ist Wahrheit?" Bei ihm klingt sie jedoch zynisch, spöttisch und abfällig – scheinbar hat er schon längst aufgegeben, nach der Wahrheit zu suchen. Er kennt die Philosophen seiner Zeit und weiß, wie viel Irrtum, Lüge und Korruption in der Welt des Römischen Reiches herrschen. Letztendlich ist ihm die Frage nach der Wahrheit egal: Ihm geht es um Macht und persönlichen Vorteil.

So ganz weit von unserer heutigen Realität entfernt scheint Pilatus nicht zu sein. Immer wieder decken Medien Betrug und Fehlverhalten auf, wo lange die Wahrheit zu gelten schien. Und wie oft steckt Machtgehabe und Eigennutz von einzelnen Menschen dahinter ...

Diesem mächtigen Mann in Judäa steht nun Jesus gegenüber: Ein misshandelter junger Mann, von dem die führenden Juden behaupten: „Wir haben herausgefunden, dass er das Volk aufhetzt und verbietet, dem Kaiser Steuern zu zahlen. Und er sagt von sich selbst, er sei Christus, ein König! Er muss zum Tode verurteilt werden!" Deshalb fragt Pilatus Jesus: „Stimmt das? Bist du der König der Juden?" Jesus antwortet ihm: „Du sagst es. Ich bin dazu geboren und in die Welt gekommen, dass ich die Wahrheit bezeugen soll. Wer aus der Wahrheit ist, der hört meine Stimme" (LUT).

Mit dieser Antwort macht Jesus deutlich, dass es nicht um menschliche Wahrheit geht, die ständig an Irrtum und Lüge zu zerbrechen droht; es geht um die göttliche Wahrheit.

Lüge, Täuschung und Irrtum lassen uns Menschen in einem Nebel zurück. Jesus ist seinen Leidensweg bis zum Tod aus Liebe zu uns Menschen gegangen, damit wir einen Weg aus diesem Dunst finden. Aus Liebe hat Jesus Wahrheit gelebt, wie ein Lichtstrahl in der Dunkelheit. Die Wahrheit Gottes definiert sich deshalb über eine Person: Jesus.

Gleichzeitig wird deutlich, dass Wahrheit auch ein Liebesbeweis Gottes an mich ist und ich in Beziehung dazu stehe: Jesus und ich, die Wahrheit als Beziehungsbegriff! Ich kann die Wahrheit erkennen aus dieser einzigartigen Liebesbeziehung von Jesus zu uns Menschen!

Je mehr wir mit ihm in Berührung kommen, desto mehr bekommen wir Kontakt mit der Wahrheit. Dieser Kontakt gibt Klarsicht und Durchblick. In Bezug auf Situationen und besonders im Alltag ist dies manchmal ganz schön schwierig. Da sehen wir den „Wald vor lauter Bäumen nicht" und suchen nach Wegweisern.

Vor einiger Zeit hat mich eine Situation sehr belastet und bewegt. Irgendwie schienen meine Gedanken nur noch darum zu kreisen – keine Durchsicht, völlige Orientierungslosigkeit … Irgendwann habe ich kapituliert und mich im Gebet an Jesus gewandt, alles ausgebreitet, meine wirren Gedanken und Ängste vor ihm ausgesprochen – und gemerkt, wie Ruhe in meine Gedanken kam, wie ich Vergebung aussprechen konnte, ich langsam einen Lichtstrahl im Nebel sah … „Die Wahrheit wird euch frei machen" (Johannes 8,32). Jesus, die Wahrheit, will mich aus Liebe frei machen!

Seither gestehe ich Gott in solchen Situationen immer ein, dass ich nicht mehr weiterweiß, kapituliere vor ihm und höre … manchmal etwas, was ich als gut empfinde, manchmal etwas, was mich herausfordert, manchmal etwas, was ich eigentlich gar nicht hören will, manchmal etwas, was mich zurechtweist. Ich höre etwas, was mit der Bibel im Einklang steht, was prüfbar ist, ich höre Jesus, ich höre Wahrheit. Meine Gedanken entwirren sich, Nebel lichtet sich und ich kann wieder klar sehen. Ich empfange Wahrheit, aus Gottes Liebe zu uns Menschen geboren, damit wir einen Ort haben, der uns sicher sein lässt vor Irrtum, Lüge und Verwirrung.

Pilatus wagt nicht, sich weiter auf Jesus und die Wahrheit einzulassen. Er fällt ein dramatisches Fehlurteil. Jahre später wird er als Statthalter abgesetzt. Ein Mann, der, ohne es zu wissen und zu wollen, zu einem Werkzeug Gottes wurde. Er hat dazu beigetragen, dass wir erlöst und wahrhaftig leben können.

# Glaube ohne Leistung?

Ich kenne Ellen schon lange. Sie redet und diskutiert für ihr Leben gern. So sind wir uns auch begegnet: Sie hatte ein Seminar besucht und als später Gebet angeboten wurde, verließ sie den Saal – und lief mir in die Arme. „So einfach kann das doch gar nicht sein!", sagte sie immer wieder. Bei einer Tasse Kaffee erzählte sie mir ihre Geschichte:

Ellen hatte in der Ausbildung eine Frau kennengelernt, die sie mit einer Sekte in Berührung brachte. Sie war fasziniert von den klaren Antworten auf ihre Lebensfragen und mit welcher Zielstrebigkeit dort der Glaube gelebt wurde. Es erschien ihr einleuchtend, dass es einen Gott gab, der gute Werke belohnte und der zornig wurde, wenn man etwas falsch machte. Um diesem Zorn Gottes zu entgehen, setzte Ellen sich in der Sekte ein: machte mit beim Verteilen von Schriften in der Fußgängerzone und engagierte sich in der Jugendarbeit. Sie wollte ein gutes Mitglied der Gemeinschaft sein, anerkannt und wertgeschätzt. Doch sie entwickelte dabei immer mehr Ängste vor Gottes Zorn. Was würde passieren, wenn sie einen Fehler machte? Wenn sie nicht genug Schriften verteilte? Wenn Gott sie bei einer Unzulänglichkeit erwischte? So setzte sie alles daran, zu erfüllen, was für ihre Rettung notwendig war.

Während eines Urlaubs entdeckte sie in ihrem Hotelzimmer ein Neues Testament und begann, darin zu lesen. Einfach so – ohne die sonst vorgeschriebene begleitende Auslegung. Und je mehr sie las, desto mehr Fragen hatte sie: Wie passte es zusammen, dass ihre Gemeinschaft Zorn Gottes und Leistung predigte, während Jesus sagte: „Lass dir an meiner Gnade genügen" (2. Korinther 12,9; LUT)? Wieso wurde gelehrt, dass man sich Vergebung erarbeiten müsse? Was stimmte denn nun?

Zurück aus dem Urlaub buchte sie das christliche Seminar, wo wir uns schließlich begegneten. Ellen hatte bis dahin gelernt, dass es Jahre dauerte, bis man eine „wahre Gläubige" war, und konnte nicht fassen, „einfach so" mit einem Gebet umkehren zu können – ohne etwas dafür zu leisten. Konnte das denn richtig sein?

Es folgten lange Diskussionen. Schritt für Schritt erkannte Ellen, dass „die Wahrheit sie frei machte" und Jesus in der Bibel etwas anderes lehrte als die Leiter ihrer Gemeinschaft.

Inzwischen hat Ellen die Sekte verlassen und sagt heute: „Ich habe endlich verstanden, dass Jesus die Wahrheit ist, Licht in mein Leben bringt und mir Freiheit schenken möchte – ohne Leistung. Die Bibel als Gottes Wort ist Wahrheit. Ich entdecke, dass Jesus mir mit Barmherzigkeit begegnet – weil er mich liebt."

# Gedanken zum Bild

Eine Figur im Zentrum ist von hellen, nicht klar umrissenen, schwebenden Gestalten umgeben. Das Bild ist aufgeteilt in verschiedene vertikale Linien; nur der dunkle Boden unter der Figur verleiht dem Bild Ruhe.

Die kniende Figur wird von den hellen Gestalten umringt und bedrängt. Vielleicht stehen sie für Lüge, Verwirrung, Halbwahrheiten ... Nur auf der blauen Fläche, vielleicht einem Teppich, ist ein geschützter Ort.

Das Gemälde von Michael Willfort macht sichtbar, dass wir in der Wahrheit Jesu einen Raum haben, der uns sicher sein lässt vor Irrtum, Lüge und Verwirrung. Wenn wir uns auf die Wahrheit Jesu stellen oder, wie hier gemalt, knien, können wir in Ruhe Entscheidungen treffen. Wir erkennen, was und wer wahrhaftig ist.

*Gemälde „Ratloser Gewinner" von Michael Willfort*

# Nachdenkenswert

Die göttliche Wahrheit, eine Wahrheit ohne Lüge und Irrtum, aber gleichzeitig voller Liebe und Barmherzigkeit, ist in der Person Jesu definiert. Aus Liebe zu uns Menschen ist in Jesus ein Ort, an dem Wahrheit in aller Klarheit lebbar ist.

# Angeregt

- Wodurch ist meine Beziehung zu Jesus definiert? Leistung? Schuldgefühle? Wahrheit? Gnade?
- Darf er mir die Wahrheit sagen? Wie reagiere ich darauf?
- Wo fühle ich mich wie im Nebel? In welchem Lebensbereich wünsche ich mir Jesu Wahrheit?

## Kapitel 4

# GOTT, DER LIEBEVOLLE LEBENSSPENDER

*„Ich bin das Leben"*

Jesus lebt, mit ihm auch ich!
Tod, wo sind nun deine Schrecken?
Er, er lebt und wird auch mich
von den Toten auferwecken.
Er verklärt mich in sein Licht;
dies ist meine Zuversicht.

Christian Fürchtegott Gellert, 1757

Jesus spricht: „Ich bin ... das Leben.
Niemand kommt zum Vater außer durch mich."

*Johannes 14,6c*

Jesus erwiderte: „Wenn die Menschen dieses Wasser ge-
trunken haben, werden sie schon nach kurzer Zeit wieder
durstig. Wer aber von dem Wasser trinkt, das ich ihm geben
werde, der wird niemals mehr Durst haben. Das Wasser, das
ich ihm gebe, wird in ihm zu einer nie versiegenden Quelle,
die unaufhörlich bis ins ewige Leben fließt." – „Bitte, Herr",
sagte die Frau, „gib mir von diesem Wasser! Dann werde ich
nie wieder durstig und brauche nicht mehr herzukommen,
um Wasser zu schöpfen."

*Johannes 4,13-15*

Leben. Was macht echtes Leben aus? Es gibt viele verschiedene Antworten ...
Aber mal ganz persönlich: Wann haben Sie sich zum letzten Mal so lebendig
gefühlt, dass Sie die Welt umarmen wollten?

Ich selbst fühle mich lebendig, wenn ich male: um mich herum Farben,
Leinwand und Pinsel – wunderbar! Oder bei einem Seelsorgegespräch, das
ich mit jemandem führe, oder wenn ich mit meiner Familie zusammen bin.
Ich fühle mich glücklich und am Leben, wenn ich mit meiner Berufung in
Einklang bin, wenn das zum Schwingen kommt, was Gott liebevoll in mich
hineingelegt hat ...

Die Lebendigkeit, die Jesus uns schenken will, ist vergleichbar mit einer
sprudelnden Quelle. Um sie herum wird oft ein Brunnen gebaut, damit man
dieses kostbare Nass schöpfen kann. Auch zu den Zeiten von Jesus ...

Immer morgens gingen die Frauen zum Brunnen und holten Wasser.
Mittags jedoch war dort überhaupt nichts los, denn da schien die Sonne
zu heiß, da blieben die Frauen lieber zu Hause. Doch nicht alle: Eine Frau
ging mitten in der Hitze zum Brunnen, um Wasser zu holen. Wahrscheinlich
wollte sie morgens nicht mit den anderen gehen, damit sie deren Ablehnung
nicht spürte. Sie fühlte sich aufgrund ihres Lebenswandels von der
Gemeinschaft der anderen Frauen ausgegrenzt. Jetzt aber saß dort jemand,
noch dazu ein Mann. Als sie gerade das Wasser in ihren Krug füllen wollte,
sprach der sie an.

Jesus hatte auf diese Frau gewartet. Gerade auf sie.

„Bitte, gib mir etwas zu trinken." – Was war das? Der Mann sprach zu ihr?
Sie war doch eine Frau, dazu noch aus dem Volk der Samariter, mit denen
die Juden eigentlich nichts zu tun haben wollten! Doch Jesus wollte mit ihr
in Kontakt treten und sprach sie an – mitten in ihrem Alltag, mitten in ihren
Aufgaben.

„Warum bittest du mich, dir zu trinken zu geben?", fragte sie ganz verwundert. Die Frau konnte sich nicht vorstellen, dass jemand sie so wertach-
tete, dass er ihretwegen Konventionen brach und sie ansprach.

„Wenn du wüsstest, wer ich bin, mit dem du gerade sprichst, dann würdest du mich um lebendiges Wasser bitten", antwortete Jesus und hielt sich damit nicht mit Small Talk auf. Sofort ging er tiefer – zu dem, was die Frau wirklich entbehrte und wonach sie sich so sehnte: „Wenn du das Wasser aus dem Brunnen trinkst, wirst du irgendwann wieder Durst haben. Wer aber das Wasser trinkt, das ich ihm gebe, wird bis in Ewigkeit nie mehr Durst haben." Schließlich machte Jesus der Samariterin ein Angebot: „Ich gebe dir dieses lebendige Wasser, wenn du es möchtest. Und dieses Wasser wird in dir zu einer lebendigen Quelle!"

Jesus bot ihr kein Trinkwasser an, sondern ein Lebenswasser, das den Durst auf eine Weise stillt, dass man nie wieder zu trinken braucht. Noch mehr: Dieses Lebenswasser wird in ihr zu einer sprudelnden Quelle werden. Und genau das ist Leben: sich frisch fühlen, sich liebevoll umfangen wissen, lebendig sein wie eine sprudelnde Quelle – so hat Gott sich das vorgestellt!

Noch dachte die Frau an Trinkwasser. Noch hatte sie nicht verstanden, welches Angebot ihr Jesus mit dem Lebenswasser machte. Noch hatte sie viele Fragen. „Ich weiß, dass einmal der versprochene Retter kommen wird", sagte sie zu Jesus. „Der wird mir alles genau erklären können."

„Ich bin es." Die Frau traute kaum ihren Ohren. Was hatte sie gerade gehört? „Ich bin es." Lange schon wartete sie auf den Retter, auf den, der ihr helfen würde. Und jetzt war er da? Ja. Jesus war mitten in ihrem Alltag zu ihr gekommen, war ihr liebevoll begegnet: Er war der Retter, der ein Leben in Fülle versprach.

Frisches, sprudelndes Leben drückt sich in der Liebe zu und von Gott, den Menschen und mir selbst aus. Es besteht nicht aus meinen Leistungen, nicht aus dem, was ich im Leben erreicht habe oder vorzeigen kann, sondern darin, das auszuleben, was Gott liebevoll in mich hineingelegt hat. Es geht um eine vertrauensvolle Beziehung zu ihm.

# Neues Leben

Durch meine Kindheit geprägt war Minderwertigkeit lange das große Thema meines Lebens. Sätze wie „Das kannst du nicht!", „Du bist dumm!" oder „Du bist ja nur ein Mädchen!" haben mich geprägt – vor allem habe ich sie für wahr gehalten. Ich konnte mir dadurch kaum vorstellen, um meiner selbst willen geliebt zu werden, sondern dachte, ich müsste eine Funktion erfüllen, müsste mir Liebe verdienen. Ich habe mich angestrengt, eine gute Tochter, eine gute Schülerin, eine gute Freundin zu sein, und kam doch immer wieder an meine Grenzen: Ich schaffe es nicht, ich genüge nicht!

Ich lebte dadurch mit vielen Antreibern, die mich immer wieder anfeuerten, durch Leistung und viel Arbeit die Gunst von Menschen und auch von Jesus zu erlangen. Natürlich konnte dieser Lebensstil nicht gut gehen: Mit Anfang 30 kam es zu einem Zusammenbruch, einem Burn-out.

Ich nahm Seelsorge in Anspruch und musste in Gesprächen und Gebeten erkennen, dass ich versucht hatte, der Retter der Welt zu sein, dass ich durch Leistung Liebe erzwingen wollte und dadurch in ein Hamsterrad von Leistungsorientiertheit hineingeraten war.

In dieser Zeit zog ich mich aus allen Aktivitäten zurück. Ich spürte, wie ich Ruhe und Zeit benötigte. Ich nahm meine ungesunden Lebensstrukturen und ihre Wurzeln immer deutlicher wahr und musste lernen, sie bewusst zu verändern und zu verlassen. Zugleich bekam mein Glaube aber auch eine neue Qualität. Ich erlebte, dass Jesus mich durch diese schwierige Phase liebevoll hindurchtrug, mein Glaube sich wirklich als Brücke über einem Tal erwies und ich lebendiges Wasser schmecken konnte.

In der Phase dieser Neuorientierung fing ich an zu malen – einfach so, ohne irgendwelchen Nutzen. Doch gerade dies war der Gewinn für mich: Ich brachte keine Leistung, es machte mir einfach nur Freude. Es heilte mein Herz. Bis heute ist das Malen eine Beschäftigung, bei der ich mich Jesus sehr nahe und lebendig fühle.

# Gedanken zum Bild

Was mag die Samariterin, die Jesus am Brunnen traf, für eine Frau gewesen sein? Wie mag sie wohl ausgesehen haben?

Ich stelle sie mir schön vor, doch auch von ihrem bisherigen Leben gezeichnet. Auf dem Bild sind ihre Augen groß, haben einen fragenden und auch resignierten Ausdruck. Sie hatte wohl nicht mehr viele Illusionen und doch den tiefen Wunsch, dass ihr Durst nach wahrem Leben gestillt würde.

Aus dem Brunnen streckt sich dem Frauenkopf eine Hand entgegen. In der Begegnung mit Jesus erlebt die samaritanische Frau, wie sie wahr- und ernst genommen wird. Sie erkennt in ihm den Messias, der ihr lebendiges, ewiges Wasser anbietet und ihren Lebensdurst stillen will.

In dem Bild sind immer wieder helle Pinselstriche, ähnlich Blitzen, zu sehen. Wenn wir Jesus persönlich erleben, sind dies besondere, heilige Momente, die unser Leben verändern. Auch die Samariterin ging verändert von dem Brunnen zurück in ihr Dorf, um zu bezeugen, dass Jesus neues Leben schenken kann.

*Gemälde „Die Frau am Brunnen" von Ute Sinn*

# Nachdenkenswert

Jesus will uns frisches, sprudelndes Lebenswasser schenken, das nicht nur unsere Persönlichkeit erfrischt, sondern auch unsere Beziehungen erfüllt: zu Gott und zu anderen Menschen.

# Angeregt

Die Samariterin lehrt uns, dass wir mit unseren Fragen zu Jesus kommen können. Hätte die Frau Jesus nicht ihre Fragen über das lebendige Wasser gestellt, wäre sie mit einem Krug Flüssigkeit nach Hause gegangen.

Was sind Ihre Fragen an Jesus? Vielleicht:
- Welche sprudelnde Lebensquelle hast du in mich hineingelegt?
- Warum fühle ich mich manchmal so ausgedörrt?
- Gibst du mir frisches Lebenswasser?

## Kapitel 5

# GELIEBT – ALS SCHWACHE

## Die blutflüssige Frau: Gottes Liebe gibt neue Kraft

Sei du, Gott, mein Licht! Ich habe alle Hoffnung aufgegeben.
Sei du, Gott, meine Hoffnung! Ich bin leer und ausgebrannt.
Sei du, Gott, meine Kraft! Ich bin traurig und verzweifelt.
Sei du, Gott, meine Freude! Ich irre ziellos umher.
Sei du, Gott, mir Weg und Ziel.

*Rainer Haak*

In der Menge war auch eine Frau, die seit zwölf Jahren an Blutungen litt. Sie hatte in dieser Zeit bei vielen Ärzten Schlimmes durchgemacht. Ihr ganzes Vermögen hatte sie eingebüßt, um sie zu bezahlen, ohne dass es ihr besser ging. Es war sogar schlimmer geworden. Diese Frau hatte von Jesus gehört. Sie kämpfte sich durch die Menge in seine Nähe und berührte den Saum seines Gewandes. ... Und im selben Augenblick hörte die Blutung auf, und sie spürte, dass sie geheilt war! Jesus merkte sofort, dass eine heilende Kraft von ihm ausgegangen war. Er wandte sich um und fragte: „Wer hat meine Kleider berührt?" ... Zitternd vor Angst trat die Frau auf ihn zu, denn sie wusste, was mit ihr geschehen war. Sie warf sich ihm zu Füßen und sagte ihm, was sie getan hatte. Und er sagte zu ihr: „Tochter, dein Glaube hat dich gesund gemacht. Geh in Frieden. Du bist geheilt."

*Markus 5,25-34 (in Auszügen)*

Dieses Gefühl, dass ständig Lebenskraft entweicht und man sich nicht voller Elan in den Alltag stürzen kann – das ist ein Empfinden, das viele Menschen kennen. Die Lebensbalance scheint nicht da zu sein; man hat eher den Eindruck, hoffnungslos in einem Hamsterrad gefangen zu sein.

Auch einer Frau, die Jesus begegnete, ging es so. Seit zwölf Jahren litt sie an ständigen Blutungen, für die es damals noch keine Heilung gab. Sicher hatte sie schon viele Arztempfehlungen befolgt und Kuren absolviert, doch nichts hatte geholfen. Im Gegenteil, sie fühlte sich immer schwächer und antriebsloser.

Menschen in meinem Bekanntenkreis geht es ähnlich: Der chronisch Kranken, die sich damit auseinandersetzen muss, dass es einfach nicht besser wird. Immer wieder hat sie Schmerzen und mittlerweile kaum noch Mut für das Leben. Dem Arbeitslosen, der sich bewirbt, aber doch immer wieder neue Absagen erhält. Sein Selbstvertrauen schwindet und Hoffnungslosigkeit macht sich breit. Der Frau, die an der Seite ihres suchtkranken Ehemannes lebt. Wider besseren Wissens klammert sie sich hoffnungsvoll an jeden Strohhalm – um dann doch immer wieder enttäuscht zu werden ...

Die kranke Frau steht für all jene, deren Leib und Seele bluten, die hoffnungslos sind, deren Situation menschlich gesehen aussichtslos scheint.

Um die ganze Tragweite der Begegnung zu erfassen, ist es wichtig zu wissen, dass zur damaligen Zeit Krankheiten als von Gott verhängte Strafen für Unrecht oder Fehlverhalten gedeutet wurden. Dazu galten blutende Frauen als unrein (3. Mose 15,19). Sie standen also am Rande der Gesellschaft, mussten sich abseits der Gemeinschaft aufhalten. Was muss diese Frau an Leib und Seele gelitten haben – einerseits das Verströmen ihres Lebenssaftes und andererseits kaum Gemeinschaft mit Menschen oder mit Gott im Tempel zu haben. Wie verzweifelt sie gewesen sein muss, zeigt sich auch daran, dass sie den ungeheuren Mut und die Kraft aufbringt, sich unter die Menschenmenge, die Jesus umgibt, zu mischen! Sie überwindet die ihr gesetzten Grenzen und wagt es, von hinten – heimlich! – das Gewand von Jesus zu berühren. Eine zarte Geste der Hoffnung: in auswegloser Situation die Initiative zu ergreifen und das Gewand des Mannes zu berühren, von dem allein sie Rettung erhofft!

Und wirklich, das Wunder geschieht – die Blutung versiegt und die Frau ist geheilt! Was für ein Glück!

Doch Jesus geht es nicht nur um die körperliche Heilung. Er will auch die verwundete Seele der Frau heilen und fragt deshalb seine Jünger, wer ihn berührt habe. Mit dieser schlichten Frage, die die Jünger eher irritiert, als dass sie deren Tragweite verstehen, stellt Jesus eine Verbindung zu der Frau her und fordert sie auf, aus ihrem Schattendasein herauszutreten. Jesus möchte ihr begegnen und nicht einfach nur eine unbekannte Kraft sein, die sie zwar heilt, aber ansonsten nicht an ihr interessiert ist.

Zum zweiten Mal überwindet die Frau all ihre Ängste und erzählt vor allen Anwesenden ihre Geschichte. Und Jesus sieht sie liebevoll an und sagt zu ihr: „Meine Tochter, dein Glaube hat dir geholfen. Gehe in Frieden! Du bist geheilt."

Jesus hilft der Frau, ihr Gesicht zu wahren, und lässt sie gleichzeitig wissen, dass diese Heilung nicht zufällig geschehen ist, sondern ihr geschenkt wurde. Laut nennt Jesus sie seine Tochter und bestätigt damit seine Liebe. Aus einer „unsichtbaren" Frau wird eine „sichtbare"! Ja, Jesus meint sie ganz persönlich und spricht sie zugleich vor der Menge von jedem Makel der Unreinheit frei. Sie wird in ihrer ganzen Persönlichkeit gestärkt und angenommen, sodass auch ihre Seele gesunden kann.

Jesus wendet sich liebevoll dem ganzen Menschen zu – damals wie auch heute. Wie oft versuchen wir unser Glück, unsere Heilung bei allen möglichen Dingen oder Menschen zu finden, jagen Versprechungen der Medien hinterher oder erwarten, dass Menschen unser Herz heilen. Am besten sofort.

Die Frau zeigt uns, dass Jesus viel mehr im Blick hat als das, was für uns Menschen im Fokus steht – wie Krankheiten oder bestimmte Lebenssituationen. Jesus will uns mit seiner Liebe berühren, Kraft geben, in liebevoller Beziehung zu uns stehen. Denn das Wunder der Heilung geschieht in dieser einzigartigen kraftvollen Wechselwirkung: der Hinwendung der Frau und der liebevollen Zuwendung von Jesus.

# Sicher ins Ziel

Nika erzählt:

„Angeregt durch eine Freundin habe ich mit dem Joggen angefangen. Wir wohnen nah an einem See und so bot sich diese Form der Fitness geradezu an. Das Laufen machte mir großen Spaß, und irgendwann, aus einer Laune geboren, kam der Entschluss, mich für einen Marathon anzumelden. Ein halbes Jahr blieb mir, um mich auf diese Herausforderung vorzubereiten.

Im Internet sind Trainingspläne zu finden und so lief ich mit bestimmten Zeit- und Trainingsvorgaben während der nächsten Monate um unseren See. Schließlich war ich so trainiert, dass ich an dem Marathon teilnehmen konnte. Je näher der Start jedoch rückte, desto banger wurde mir ums Herz: Auf was hatte ich mich hier nur eingelassen? Was sollte ich machen, wenn ich an den Punkt kam, wo ich meinte, nicht mehr weiterlaufen zu können? Mein Mann, selbst trainierter Läufer, dem ich von meinen Bedenken erzählte, bot mir an, mit mir zusammen den Marathon zu laufen. ‚Ich bin sozusagen dein begleitender Trainer!', lachte er.

Dankbar nahm ich dieses Angebot an und zusammen gingen wir in den Wettkampf. Mein Mann hatte die Zeit im Blick und gab das Lauftempo vor – mal langsamer, mal schneller, damit die Kraft am Ende reichte. Als er merkte, dass ich nicht mehr so gut mithalten konnte, lief er vor mir her und rief mir zu: ‚Konzentriere dich nur auf mich: Ich laufe vor und du passt deinen Laufstil meinem an. Ich bringe dich schon ins Ziel, du schaffst das!'

Die letzte Wegstrecke des Marathons haben wir dann auf diese Weise hinter uns gebracht: Mein Mann lief voraus und ich starrte nur noch auf seinen Rücken und meine Beine bewegten sich in dem vorgegebenen Rhythmus. Vollkommen erschöpft, aber auch sehr glücklich, liefen wir ins Ziel ein.

Für mich ist dieser Lauf sehr besonders: nicht nur, dass ich es geschafft habe, einen Marathon zu laufen. Mir ist bewusst, dass ich ohne meinen Mann nicht durchgehalten hätte. Das Ganze ist mir aber auch zu einer geistlichen Erfahrung geworden; zu einem Sinnbild für meine Freundschaft mit Jesus: Er geht mit mir durch das Leben, ermutigt mich in schwierigen Situationen und gibt mir Kraft. Wenn ich schwach bin, ist er für mich stark! Ich folge ihm – ich habe ihn im Blick, bis ich das Lebensziel erreicht habe."

# Gedanken zum Bild

Das Bild ist in drei Segmente aufgeteilt: einmal ein verhüllter Frauenkopf, dann eine ausgestreckte Hand und schließlich der Saum eines Gewandes. Starke Farbstrukturen sind erkennbar und machen sichtbar, dass das jahrelange Leiden bei der blutflüssigen Frau tiefe Lebensfurchen hinterlassen hat.

Das resignierte Gesicht wird von einem Tuch umhüllt, das die dunkelrote Farbe von Blut hat. Eine weiße, nicht schöne Hand streckt sich nach einem blauen Stoffstück aus. Die Farbe erinnert an das Wasser des Lebens – Jesus.

Die blutflüssige Frau überwand ihre Resignation und streckte sich nach Jesus aus, von dem sie Heilung erhoffte. Jesus nahm diese Berührung wahr und war bewegt von dem Glauben der Frau. Er heilte sie an Leib und Seele und gab ihr neue Kraft fürs Leben.

*Gemälde „Die blutflüssige Frau" von Ute Sinn,*
*inspiriert von dem Bild „Heilung" von Christa-Maria Weber-Keimer*

# Nachdenkenswert

Manchmal sinkt uns angesichts unserer Lebensumstände oder -situationen der Mut und geht uns die Kraft aus. Der Frau mit den Blutungen erging es auch so, doch sie resignierte nicht: Bei ihrer Begegnung mit Jesus erfuhr sie Heilung an Leib und Seele. Jesus ist jemand, der uns sucht, uns ganz persönlich in seiner Liebe meint und an unserer Seite ist, wenn wir schwach sind.

# Angeregt

Ein Lied von Albert Frey bringt die Liebe für Jesus und seine Möglichkeiten der Heilung musikalisch auf den Punkt. Hören Sie sich das Lied an, summen Sie oder singen Sie es mit:

Nur den Saum deines Gewandes einen Augenblick berührn
und die Kraft, die von dir ausgeht, tief in meinem Innern spürn.
Nur ein Blick aus deinen Augen, nur ein Wort aus deinem Mund
und die Heilungsströme fließen, meine Seele wird gesund.

Jesus, berühre mich.
Hole mich ab, öffne die Tür für mich.
Nimm mich an deiner Hand. Entführe mich in deine Gegenwart.
Jesus, ich spüre dich,
strecke mich aus nach dir, berühre dich.
Und mein Herz brennt von Neuem nur für dich in deiner Gegenwart.

Nur ein Stück vom Brot des Lebens, nur ein Tropfen aus dem Kelch,
dann bin ich mit dir verbunden und mein Hunger wird gestillt.
Nur ein Schluck vom Strom des Lebens, von dem Wasser, das du gibst,
und die Ströme werden fließen aus der Quelle tief in mir.

Herr, ich bin nicht würdig, bin oft so weit weg von dir.
Doch in deiner Liebe kommst du auch zu mir.

*Text und Melodie: Albert Frey*

## Kapitel 6

# GELIEBT – ALS GOTTLOSE
## Zachäus:
## Gottes Liebe verändert

Jesus, wir sehen auf dich.
Deine Liebe, die will uns verändern,
und in uns spiegelt sich deine Herrlichkeit.
Jesus, wir sehen auf dich.

Jesus, wir warten auf dich.
Du wirst kommen nach deiner Verheißung.
Alle Menschen, sie werden dich sehen.
Jesus, wir warten auf dich.

Peter Strauch

Christus ist ... für uns Gottlose gestorben.

*Römer 5,6 (LUT)*

Jesus zog mit seinen Jüngern durch Jericho. Dort lebte ein sehr reicher Mann namens Zachäus, der oberste Zolleinnehmer. Zachäus wollte Jesus unbedingt sehen; aber er war sehr klein, und die Menschenmenge machte ihm keinen Platz. Da rannte er ein Stück voraus und kletterte auf einen Maulbeerbaum, der am Weg stand. Von hier aus konnte er alles überblicken.

Als Jesus dort vorbeikam, entdeckte er ihn. „Zachäus, komm schnell herab!", rief Jesus. „Ich möchte heute dein Gast sein!" Eilig stieg Zachäus vom Baum herunter und nahm Jesus voller Freude mit in sein Haus. Die anderen Leute empörten sich über Jesus: „Wie kann er das nur tun? Er lädt sich bei einem Gauner und Betrüger ein!" Zachäus aber sagte zu Jesus: „Herr, ich werde die Hälfte meines Vermögens an die Armen verteilen, und wem ich am Zoll zu viel abgenommen habe, dem gebe ich es vierfach zurück." Da sagte Jesus zu ihm: „Heute hat Gott dir und allen, die in deinem Haus leben, Rettung gebracht. Denn auch du bist ein Nachkomme Abrahams. Der Menschensohn ist gekommen, Verlorene zu suchen und zu retten."

*Lukas 19,1-10 (HFA)*

Manchmal stelle ich mir vor, wie es wäre, wenn Jesus heute in meine Heimatstadt käme. Was würde wohl geschehen? Welcher Medienrummel würde einsetzen? In meiner Fantasie sehe ich, wie wohl (fast) alle Einwohner dabei wären: die Glaubenden und die Nicht-Glaubenden, die Zweifler, die Neugierigen, die Suchenden, die Reichen, die Armen, die Großen und die Kleinen.

Vielleicht würde es sich ähnlich abspielen wie vor gut zweitausend Jahren in Jericho, einer Stadt in Israel. Damals war das Land von den Römern besetzt und Jericho eine bedeutende Handelsstadt. Die römische Verwaltung profitierte davon, denn für die Benutzung der Hauptstraßen, der Häfen und der Märkte wurden Zölle erhoben. Die Besatzer hatten hatten die Zollstationen an Einheimische verpachtet. Diese Pächter mussten zwar einen bestimmten Betrag abliefern, einen großen Batzen Geld steckten sie jedoch zumeist in die eigene Tasche.

Diese Zöllner waren bei ihren Landsleuten sehr unbeliebt, da sie die Feinde unterstützten, um sich zu bereichern. Einer von ihnen war Zachäus. Wahrscheinlich hatte er sogar die Oberaufsicht über das Zollwesen. In jedem Fall war er sehr reich. Sein Vermögen hatte er sich durch Betrug und vielleicht auch Erpressung angehäuft. Bei den Einwohnern von Jericho war der kleine Mann deshalb verrufen. Er war zwar reich, aber einsam und ein Außenseiter.

Eines Tages ging es wie ein Lauffeuer durch die Stadt: Jesus war auf der Durchreise nach Jerusalem und machte Halt in Jericho! So viel hatte man schon von diesem besonderen Mann gehört – von den Wundern, die er getan hatte, von seinen Predigten –, dass sich viele aufmachten, um ihn zu sehen und zu hören. Eine große Menschentraube hatte sich um Jesus gebildet; niemand wollte ihn verpassen.

Auch Zachäus war neugierig und wollte Jesus sehen. Da er klein war, kletterte er auf einen Maulbeerbaum, der ihn zudem auch noch ein bisschen versteckte. Jesus aber hatte jeden Einzelnen in der Menge im Blick und entdeckte den reichen Zolleinnehmer. Gerade ihn sprach er an: „Zachäus, komm schnell herab! Bei dir möchte ich heute Gast sein!"

Die Umstehenden konnten es kaum fassen. Dieser feine, reiche Herr Zachäus, dessen Name übersetzt „rein" bedeutet, also dieser Herr Rein, der nur als gottlos und im Zusammenhang mit schmutzigen Geschäften bekannt war, durfte der Gastgeber für Jesus sein! Was für ein Skandal: Jesus kehrte bei diesem Sünder ein!

Bei der Vorstellung, dass Jesus in meine Heimatstadt kommen könnte, sehe ich mich weit vorn am Straßenrand stehen. Hätte ich den kleinen

Zachäus in seinem Baumversteck gesehen? Oder hätte ich ihm vielleicht sogar die Sicht auf Jesus versperrt? Vielleicht hätte ich diesen kleinen Mann in seiner gesellschaftlichen Rolle wahrgenommen und mich gewundert, dass er auf einen Baum geklettert ist, aber hätte ich ihm ins Gesicht geschaut und von Mensch zu Mensch Verbindung mit ihm aufgenommen? Jesus jedoch brach gesellschaftliche Normen und kehrte sogar bei Zachäus ein!

Zachäus konnte sein Glück kaum fassen und versprach in seiner Begeisterung, dass er den finanziellen Schaden ausgleichen wolle. Und Jesus sagte ihm zu: „Heute hat Gott dir und allen, die in deinem Haus leben, Rettung gebracht. Denn auch du bist ein Nachkomme Abrahams."

Die Zusage der Rettung beruhte jedoch nicht auf der Wiedergutmachung des Zöllners, sondern war das liebevolle Geschenk von Jesus an seinen Gastgeber. Zachäus' Kehrtwende gründete sich auf die Erkenntnis, dass nicht sein Reichtum seinen Wert ausmacht, sondern allein die Tatsache, dass Jesus sich ihm liebevoll zuwendet und als Gast in sein Haus gekommen ist. Damit hat Jesus diesen kleinen Mann liebevoll aus dem Abseits ins Leben geholt und ihn dadurch *wirklich* groß gemacht.

# Übersehen

Mit meiner Freundin hatte ich mich endlich einmal wieder zu einem Shoppingnachmittag in der Stadt verabredet. Die letzten Weihnachtseinkäufe wollten wir noch zusammen erledigen und uns dann in einem Café von unserem Beutezug erholen. Leider machte das Wetter nicht so mit, wie wir es uns gewünscht hatten. Und so liefen wir an einem nasskalten Dezembertag mit Einkaufstüten beladen durch die Fußgängerzone.

Obwohl uns der Nieselregen ständig die Sicht nahm, sah meine Freundin die kleine Frau in schmutzigen Kleidern, das dünne Kopftuch um die dunklen Haare gebunden und auf einem Pappkarton sitzend. Sie lehnte sich gegen eine Kaufhausfassade, in dessen Schaufenster Märchen winterlich romantisch dargestellt wurden. Der Kontrast hätte nicht stärker sein können: dort heimelige Idylle im stimmungsvollen Licht und hier Kälte, Nieselregen und die Frau in ihren ärmlichen Kleidern.

Ich sah diese Frau erst, als meine Freundin sich zu ihr hinunterbeugte, ihr eine Münze auf den Teller legte und ein paar freundliche Worte mit ihr sprach. Dann richtete sie sich auf und wandte sich zu mir: „Sie hat ein Inhalationsgerät!", flüsterte sie bewegt.

Meine Freundin hatte jede Einzelheit wahrgenommen und mitfühlend reagiert. Ich selbst hatte die Frau kaum bemerkt, sie vorschnell als eine der vielen rumänischen Bettlerinnen eingestuft, über die man immer wieder aus den Medien hört, und mich mit den Einkaufstüten beschäftigt, so als sähe ich sie nicht.

Nun aber schaute ich die Frau an und beschämt dachte ich daran, dass Jesus diese Frau genauso liebevoll ansehen würde wie auch mich. Als die Frau meinen Blick still resigniert aus ihren dunklen Augen erwiderte, wünschte ich mir, dass ich sie eher gesehen, an-gesehen hätte ...

# Gedanken zum Bild

Das Herz pulsiert und lebt, deutlich gemacht durch die rote Farbe. Doch es gibt auch einen dunklen Bereich, der sich von unten links in das Herz schiebt. Für welche Dunkelheit, welche Sünde, welche Wunde könnte er stehen? Bei Zachäus waren das Habgier, Betrug, aber sicher auch Einsamkeit und Isolation.

Von oben kommt ein heller Lichtstrahl. Er ist ein Zeichen dafür, dass Jesus dem Herzen Licht, Heilung und Heiligung schenken will. Mit der Helligkeit werden die tiefen Furchen sichtbar, die sich quer durch das Herz ziehen und für die Verletzungen stehen, die es im Laufe des Lebens erleiden musste. Jesus will die Sünde aufdecken und vergeben, Verletzungen heilen und uns buntes Leben schenken, wie die Farben rund um das Herz andeuten. Das durfte auch Zachäus erleben.

*Gemälde „Herz" von Ute Sinn*

# Nachdenkenswert

Zachäus, ihn kennt jeder,
doch sehen will ihn kaum jemand, denn
er ist Kollaborateur,
reicher Zöllner,
ausgegrenzt,
einsam,
in der Menschenmenge auf einem Baum versteckt,
doch suchend nach Jesus.
Der sieht ihn:
„Zachäus, komm, ich möchte Gast bei dir sein."
Und Zachäus, begeistert von Jesu Liebe,
öffnet die Arme,
gibt, was er hat,
bricht mit dem Gestern
und die Zukunft wird anders.

# Angeregt

Zachäus war klein und hatte sich schon daran gewöhnt, nicht gesehen zu werden und ein Außenseiter zu sein. Fühlen Sie sich auch manchmal übersehen oder übergangen? Wie reagieren Sie, wenn Jesus Sie aus der Menge herausruft?

## Kapitel 7

# GELIEBT – ALS SÜNDER

## Die Frau, die Jesus salbt: Gottes Liebe sieht das Herz

Ich Betrübter komme hier
und bekenne meine Sünden;
lass, mein Heiland, mich bei dir
Gnade zur Vergebung finden,
dass dies Wort mich trösten kann:
Jesus nimmt die Sünder an.

Erdmann Neumeister, 1718

Gott aber erweist sein Liebe zu uns darin, dass Christus für uns gestorben ist, als wir noch Sünder waren.

*Römer 5,8 (LUT)*

Einer der Pharisäer lud Jesus zum Essen in sein Haus ein. Jesus nahm die Einladung an und setzte sich zu Tisch. Eine Frau aus dem Ort, die für ihren unmoralischen Lebenswandel bekannt war, erfuhr, dass er da war, und brachte ein Alabaster-Gefäß mit kostbarem Salböl. Sie kniete vor Jesus nieder und weinte. Ihre Tränen fielen auf seine Füße, und sie trocknete sie mit ihren Haaren. Dann küsste sie ihm wieder und wieder die Füße und salbte sie mit dem Öl.

*Lukas 7,36-38*

Ich benutze gern mein Parfüm „Pure". Allerdings nur ganz sparsam, da das kleine Fläschchen sehr teuer ist. Doch der Preis meines Lieblingsduftes ist sicher geringer als das Salböl aus der Geschichte, das die Frau mit zu Simons Haus brachte! Was für ein Zeichen für eine verschwenderische Liebe! Simon, ein Pharisäer, hatte Jesus zum Essen eingeladen. Er wollte ihn näher kennenlernen, gemeinsam mit seinen Freunden und Jesus diskutieren, sich selbst ein Bild machen von diesem Mann, von dem die Menschen solche Wunderdinge erzählten. Die versammelten Männer sahen die Frau nicht sofort, als sie auf Jesus zuging. Es verstieß gegen jede gesellschaftliche Regel! Eine Sünderin, eine Unheilige, konnte sich nicht einfach so den hier Versammelten nähern.

Doch die Frau nahm die Missachtung der anwesenden Männer und damit auch den Hohn der Gesellschaft in Kauf und bewegte sich auf Jesus zu: *Ja, ich weiß, ich bin eine Sünderin. Ich passe hier nicht hin, aber ich möchte Jesus mit diesem kostbaren Öl salben. Ich will ihm mit diesem Öl etwas schenken, was mir besonders wertvoll ist. Ich weiß, dass Jesus Menschen liebt. Jesus ist zu einer Liebe fähig, nach der ich mich so gesehnt habe; er hat mir meine Schuld vergeben und deshalb möchte ich ihm Gutes tun. Ich öffne meine Alabasterflasche ... Da begegne ich dem Blick von Jesus und ich kann nicht anders, ich breche in Tränen aus und weine so sehr, dass seine Füße von meinen Tränen nass werden. So wie Jesus hat mich noch nie jemand angesehen. Es ist ein Blick, der in mein verletztes Herz sieht und mich, die Sünderin, mitsamt meiner Sehnsucht erkennt. Ich löse mein Haar und beginne, seine Füße zu trocknen, während weiterhin Tränen über meine Wangen laufen ... Dann küsse ich seine Füße und reibe sie liebevoll mit dem Salböl ein.*

„Als der Gastgeber sah, was da vorging und wer die Frau war, sagte er sich: ‚Das beweist, dass Jesus kein Prophet ist. Wäre er wirklich von Gott gesandt, dann wüsste er, was für eine Frau ihn da berührt. Eine Sünderin!'" (Vers 39). Jesus durchschaute Simon und erzählte ihm daraufhin die Geschichte von einem reichen Mann, der zwei Männern die Schulden erlässt – einem wenig und dem anderen viel Geld. Er fragte, welcher von beiden wohl dankbarer sei. Simon platzte mit der Antwort heraus: „Natürlich der, dem die größere Schuld erlassen wurde!"

„Das stimmt", sagte Jesus. Dann wandte er sich der Frau zu und sagte zu Simon: „Schau dir die Frau an, die da kniet. Als ich dein Haus betrat, hast du mir kein Wasser angeboten, um mir den Staub von den Füßen zu waschen; sie hat meine Füße mit ihren Tränen gewaschen und mit ihrem Haar getrocknet. Du hast mir keinen Begrüßungskuss gegeben; sie hat mir unaufhörlich die Füße geküsst, seit ich hereingekommen bin. Du hast es versäumt, mir Gastfreundschaft zu erweisen und mir den Kopf mit Olivenöl zu salben; sie hat meine Füße mit kostbarem Salböl gesalbt. Ich sage dir, ihre Sünden – und es sind viele – sind ihr vergeben; deshalb hat sie mir viel Liebe erwiesen. Ein Mensch jedoch, dem nur wenig vergeben wurde, zeigt nur wenig Liebe" (Verse 44-47).

*Was hat Jesus da gerade gesagt? Meine Sünden sind vergeben, deshalb habe ich viel Liebe gezeigt? Spricht Jesus tatsächlich von mir? Ja, Jesus meint wirklich mich! Er hat mich verstanden, obwohl ich kein einziges Wort gesprochen habe, aber er hat die Stimme meines Herzens vernommen. Jesus weiß, dass ich ihn gesucht habe, weil er die Herzen der Menschen kennt, weil er heilen kann und Sünden vergibt. Und Jesus sieht mich wieder voll Liebe an und sagt:*

„Deine Sünden sind dir vergeben! Dein Glaube hat dich gerettet!" (Vers 48.50)

*Zwar höre ich die anderen Gäste tuscheln, höre ihr „Für wen hält sich dieser Mann, dass er Sünden vergibt?", doch Jesus schaut mich mit diesen ungeheuer liebevollen Augen an, und nur das ist wichtig.*

„Geh in Frieden" (Vers 50).

*Frieden. Ja, darauf hoffe ich, danach sehne ich mich. Und ich weiß, nur Jesus kann mir Frieden schenken, weil er mich liebt und mir meine Schuld vergibt. Mein Herz hat wahre Liebe erfahren und kann endlich Ruhe finden!*

# Neuanfang

Vor einigen Jahren habe ich eine Freundin verloren, was sehr schmerzhaft für mich war, sollte diese Freundschaft doch für immer und ewig halten. In der ersten Phase nach dem Abbruch stand neben dem Ärger über das Verhalten meiner Freundin die Traurigkeit über den Verlust. Wie konnte es so weit kommen? Warum war dies alles geschehen? Doch dann war ich vor allem wütend. Warum hatte sie mir das angetan? Nach stundenlangen Selbstgesprächen, Gebeten und Tränen musste ich mir irgendwann jedoch eingestehen, dass auch ich Fehler gemacht hatte. Aufgrund von Lebenswunden hatte ich in dieser Beziehung nicht ehrlich gesagt, wie meine Meinung lautet. Selten hatte ich geäußert, wie ich zu gewissen Dingen stehe. Zu groß war meine Angst davor, verlassen zu werden, – und doch war gerade dies das Resultat meiner Unehrlichkeit, die ich als Liebe getarnt hatte.

Es war schwer für mich anzuerkennen, dass nicht nur ich verletzt worden war, sondern auch selbst verletzt, zurückgeschossen hatte, wo ich getroffen worden war. Dieses Eingeständnis war für mich sehr schmerzhaft. Ich konnte niemand anderem die Schuld geben: Ich hatte es selbst versemmelt, hatte selbst gesündigt, war gefallen.

Als mir das bewusst wurde, war es für mich wichtig, dies auch klar und ehrlich zu benennen: Ja, ich hatte Fehler gemacht. Auch ich hatte verletzt. Mit voller Wucht traf mich die Erkenntnis meiner Schuld. Doch wohin konnte ich mich damit wenden? Die ehemalige Freundin hatte jeglichen Kontakt zu mir abgebrochen – ein Gespräch war nicht mehr möglich.

Ich konnte jedoch zu Jesus gehen und ihm diese Schuld, mein Versagen, bekennen. Gleichzeitig spürte ich in mir eine Unsicherheit – wie würde Jesus jetzt reagieren? Würde er den Kontakt vielleicht auch abbrechen, wie meine Freundin es getan hatte?

Im Gebet erlebte ich jedoch keine Vorwürfe, keinen Zerbruch, keine Scham, sondern Gottes Gegenwart und seine Liebe, die mir vergab, mich aufrichtete, mich neu anfangen und leben ließ.

Anselm Grün schreibt: „Meine Wunde wurde zu einem Ort, wo neues Leben entstehen kann." Ja, diese Kapitulation vor Jesus, mein Eingeständnis, nicht mehr zu können, Fehler gemacht zu haben – all das führte dazu, dass ich zu Jesus aufschaute, der mir einen Neuanfang schenkte.

# Gedanken zum Bild

Der Künstler Michael Willfort hat die Sünderin kniend auf einem dunklen Boden dargestellt. Die rote Farbe an verschiedenen Körperteilen der Frau ist ein Symbol für ihre Sünden, aber auch ihre inneren Wunden. Doch Jesus, schemenhaft, aber klar als Retter der Frau erkennbar, legt schützend die Hand auf ihren Kopf, ja, seine ganze Gestalt schirmt die Frau ab und gibt ihr dadurch einen sicheren Raum. Ein hellgelbes Licht ergießt sich über die dunkelblaue Fläche; in der Berührung wird ein heiliger Moment deutlich: Das Kleid der Frau wird weiß. Die Herrlichkeit Gottes hat sich ihr zugewandt und ihre Sünden sind ihr vergeben.

Die Prophezeiung aus Jesaja wird für die Frau Realität: „Steh auf, Jerusalem, und leuchte! Denn das Licht ist gekommen, das deine Finsternis erleuchtet. Die Herrlichkeit des Herrn geht auf über dir wie die Sonne." (Jesaja 60,1; HFA)

*Gemälde „Nahe sein" von Michael Willfort*

# Nachdenkenswert

Wie oft lassen wir uns von Bemerkungen unserer Mitmenschen verunsichern? Als die Sünderin Jesus salbte, machten die anwesenden Pharisäer ihre liebevolle Handlung lächerlich. Wir können das Gerede der Leute nicht zum Schweigen bringen, aber unsere Augen und Ohren auf Jesus richten, dessen Meinung über uns das Wesentliche ist.

# Angeregt

Wie können Menschen sicher sein, dass ihre Sünden vergeben sind? Es steht in der Bibel! Suchen Sie Verse aus der Bibel heraus, die Ihnen versichern, dass das Geschenk der Vergebung auch für Sie bestimmt ist. Hier einige Beispiele:

- *So fern der Osten vom Westen ist, hat er unsere Verfehlungen von uns entfernt. Wie sich ein Vater über seine Kinder zärtlich erbarmt, so erbarmt sich der Herr über alle, die ihn fürchten* (Psalm 103,12-13).
- *Er wird sich wieder über uns erbarmen, alle unsere Sünden zertreten und alle unsere Verfehlungen ins tiefe Meer werfen!* (Micha 7,19).
- *Er hat die Liste der Anklagen gegen uns gelöscht; er hat die Anklageschrift genommen und vernichtet, indem er sie ans Kreuz genagelt hat* (Kolosser 2,14).
- *Doch wenn wir ihm unsere Sünden bekennen, ist er treu und gerecht, dass er uns vergibt und uns von allem Bösen reinigt* (1. Johannes 1,9).

## Kapitel 8

# GELIEBT – ALS FEINDE

## Rahab: Gottes Liebe schenkt einen Neuanfang

Wie bist du mir so zart gewogen.
Und wie verlangt dein Herz nach mir!
Durch Liebe sanft und tief gezogen
neigt sich mein Alles auch zu dir.
Du traute Liebe, gutes Wesen,
du hast mich und ich dich erlesen.

Gerhard Tersteegen, 1757

Denn wenn wir mit Gott versöhnt worden sind durch den Tod seines Sohnes, als wir noch Feinde waren, um wie viel mehr werden wir selig werden durch sein Leben, nachdem wir nun versöhnt sind.

*Römer 5,10 (LUT)*

„Wir bieten euch unser eigenes Leben als Pfand für eure Sicherheit", erklärten die Männer. „Wenn ihr uns nicht verratet, werden wir unser Versprechen halten und euch verschonen, wenn der Herr uns das Land gibt." Darauf ließ Rahab die beiden an einem Seil durch das Fenster hinab. Ihr Haus war nämlich in die Stadtmauer gebaut. ...

„Unser Versprechen, das du uns unter Eid abgenommen hast, können wir nur erfüllen, wenn du Folgendes tust: Lass das rote Seil, an dem du uns herablässt, aus dem Fenster hängen, wenn wir vor die Stadt kommen. Hole außerdem deinen Vater, deine Mutter, deine Brüder und Schwestern und alle deine Verwandten in dein Haus. ... Verrätst du uns jedoch, so sind wir nicht mehr an diesen Schwur gebunden." – „Einverstanden", antwortete Rahab und schickte sie auf den Weg. Das rote Seil band sie ans Fenster.

*Josua 2,14-21 (in Auszügen)*

Der Blick aus meinem Zimmer geht auf eine kleine Grünfläche, wo sich an warmen Tagen immer wieder Menschen treffen, die offensichtlich nicht zur Arbeit müssen und ein (oder zwei) Bierchen trinken. Während sie gemütlich auf einer Parkbank sitzen, machen die Spaziergänger einen großen Bogen um sie und schauen eher abfällig auf das Grüppchen.

Ob wohl auf Rahab damals in Jericho zur Zeit der Eroberung des Landes Kanaan auch eher abfällig und abschätzend gesehen wurde? Sie war eine Prostituierte, die in einem Haus an der Stadtmauer abseits des Zentrums lebte. Und doch spielte gerade sie, die außerdem noch zu den Feinden des Volkes Israel zählte, eine herausragende Rolle in der Geschichte Gottes mit seinem Volk.

Josua, der Anführer der Israeliten, schickte vor der Eroberung Jerichos zwei Spione in die feindliche Stadt, die in Rahabs Haus kamen. Obwohl es üblich war, dass bei ihr Männer ein- und ausgingen, fand der König von Jericho doch heraus, dass es sich bei den beiden nicht um Freier, sondern um Spione handelte. Er schickte Soldaten zu Rahab, die sie aufforderten, die Männer auszuliefern. Doch Rahab entschied sich mutig dagegen und behauptete, dass die beiden schon längst wieder gegangen seien. Als die Soldaten abgezogen waren, nutzte Rahab die Gelegenheit und fing an, mit den beiden Israeliten zu verhandeln: Sie hatte Kopf und Kragen für zwei Fremde riskiert und forderte nun als Gegenleistung den Schutz für sich und ihre Familie. Die Einwohner von Jericho hatten offensichtlich schon so viel von dem Mut und Erfolg der Israeliten gehört, dass für Rahab klar war, Jericho würde von den Israeliten erobert werden. Die beiden Spione gingen auf Rahabs Forderung ein und wiesen sie an, ein rotes Seil aus dem Fenster ihres Hauses baumeln zu lassen – so würden die Israeliten wissen, dass dieses Haus geschützt werden sollte.

Rahab dachte nicht nur an sich, sondern brachte mit diesem „Deal" auch ihre Familie in Sicherheit. Sie merkte, dass die einzige Chance, wie sie sich und ihre Nächsten retten konnte, darin bestand, sich in die Hände des Gottes dieser Israeliten zu begeben.

Auch heute wenden sich Menschen, die sonst mit dem christlichen Glauben nicht viel anfangen können, in Krisen-, Not- und Krankheitszeiten an Gott. Wenn es keine menschliche Hilfe mehr gibt, wird ihnen plötzlich bewusst: Es muss eine übergeordnete Macht geben. Und sie wagen es, ihr Vertrauen auf Gott zu werfen.

So auch Rahab. Als eine Frau, die zu den Feinden der Israeliten und somit auch Gottes gehörte, hat sie dem Versprechen der Rettung vertraut, obwohl die Einnahme der Stadt sehr dramatisch war: Wie oft wird Rahab angstvoll aus dem Fenster und immer wieder auf das rote Seil geschaut haben, während die Israeliten sieben Tage um die Stadt marschierten und in die Widderhörner bliesen? Was für ein Spektakel und Lärm! Aber ihr Vertrauen wurde belohnt, als endlich die Stadtmauern einstürzten: Rahab und ihre Familie wurden gerettet!

Doch wie geht ihre Lebensgeschichte weiter? Was hat Rahab wohl erwartet? Dachte sie, sie würde weiter eine Randfigur sein? Weiter in ihrem Beruf arbeiten müssen? Weiter nur geduldet und benutzt werden?

Im Alten Testament lesen wir nichts mehr von Rahab, aber im Neuen Testament taucht sie dreimal auf. Im Hebräer- und im Jakobusbrief wird Rahab als eine Frau des Glaubens vorgestellt und in Matthäus sogar im Stammbaum von Jesus aufgeführt – trotz ihrer Vergangenheit und obwohl sie zu den Feinden des Volkes Israel gehörte.

Was für ein Neuanfang! Rahab hat im Vertrauen auf Gott mutig gehandelt. Sie hat geheiratet, einen Sohn geboren – den Urgroßvater von König David – und einen Platz im Reich Gottes bekommen. Nicht, weil sie es verdient hätte, sondern weil Gott treu ist und sich über sie voller Liebe erbarmte.

# Versöhnt und heil

Rike erzählt: „Als ich etwa vier Jahre alt war, begann der sexuelle Missbrauch durch einen Cousin. Die Familienfeiern waren der reinste Horror für mich, dem ich mich nicht entziehen konnte. In mein Herz brannte sich die Botschaft ein, dass sich meine Unschuld in Schuld verwandelt hatte. So schwand mit meinem Gefühl der Wertlosigkeit auch meine Würde.

Ab meinem dreizehnten Lebensjahr hatte ich immer wieder sexuelle Beziehungen mit wechselnden Partnern. So ging die Spirale weiter abwärts und ich verlor mich mehr und mehr. Schließlich rutschte ich ins Drogenmilieu ab. Mit siebzehn Jahren lebte ich in einer abhängigen, fast hörigen Beziehung zu einem Mann. Mit der Zeit ging mein Lebens- und Liebeshunger immer mehr zurück, was an meinem dürren Körper zu erkennen war. Zum Schluss wog in nur noch 38 Kilo: Jeglicher Appetit war mir vergangen.

Irgendwann lernte ich Daniel kennen, einen bekennenden Christen. Er stellte mit allem, was er sagte, mein Leben infrage, und doch wollte ich mehr von dem hören, was er zu erzählen hatte. In ihm begegnete ich der Gnade und Wahrheit Jesu – nicht zuletzt auch dadurch, dass Daniel mit mir anders umging, als ich es von Männern kannte.

Mit einer Freundin zusammen begann ich, in Gottesdienste zu gehen. Nach einiger Zeit erlebte ich dort ein Wunder: Gott zeigte mir die Dunkelheit meines Lebens und vergab mir. Von einem Moment zum anderen begann mein neues Leben: Das, was mir vorher so wichtig gewesen war – Drogen und ständig wechselnde Männerbeziehungen –, verlor seine Anziehungskraft. Ich zog in eine christliche Lebensgemeinschaft und engagierte mich in der Kinder- und Asylantenarbeit. Auch Anbetung wurde sehr wichtig.

Auf einem Seelsorgeseminar zeigte Gott mir liebevoll mein Herz: Menschlich gesehen war es kaputt, hart und zerbrochen, doch er sah Gold darin und erachtete mich für wertvoll. Damit begann ein Heilungsprozess, der durch eine Reha und Therapie weiter fortgesetzt wurde.

Heute lebe ich mit meinem Mann und unserer gemeinsamen Tochter sehr glücklich. Inzwischen arbeite ich außerdem auf Seelsorgeseminaren mit und bin begeistert, wie aus meinen Lebenswunden Stärken geworden sind, mit denen ich anderen Menschen dienen kann. Für meine Lebensrettung – im wahrsten Sinne des Wortes – bin ich Gott von ganzem Herzen dankbar! Nie hätte ich gewagt, mir mein jetziges Leben zu erträumen, – doch Gott hat es Realität werden lassen."

# Gedanken zum Bild

Das Bild der Künstlerin Ingrid Krapoth ist in zwei Teile aufgeteilt. Der obere Teil stellt die beiden Kundschafter dar, die von Rahab vor den Soldaten geschützt werden. Sie sind sicher auf dem Hausdach unter einer Plane versteckt. Der untere Teil zeigt rechts einen der Feinde Israels. Im Angesicht des Mannes mit dem Schwert wendet sich Rahab dem Kreuz mit ausgestreckten Armen zu – sie erhält einen Platz in der Ahnenfolge Jesu.

In der Rettung von Rahab zeigt sich schon im Alten Testament, dass Gott durch Jesus nicht nur für das auserwählte Volk Israel der Retter ist, sondern ebenso für andere Völker, ja, für die ganze Welt. Die Regenbogenfarben im Hintergrund zusammen mit dem Kreuz zeigen die Geschichte Gottes mit den Menschen auf, vom Alten bis zum Neuen Bund.

*Gemälde „Rahab" von Ingrid Krapoth*

# Nachdenkenswert

Manchmal erleben wir, wie Menschen uns auf unseren bisherigen Lebensweg, der oft nicht „gerade" verlief, festlegen. Jesus hat jedoch einen anderen Blickwinkel auf unser Leben:

*Ein Mensch sieht, was vor Augen ist; der HERR aber sieht das Herz an.*
1. Samuel 16,7 (LUT)

# Angeregt

Manchmal gibt es seelische Wunden, die wir in unserer Vergangenheit erlitten haben und die bis heute unser Leben bestimmen. Jesus möchte uns einen Neuanfang schenken – losgelöst von dem, was früher war. Wir alle waren Gottes Feinde, doch er hat uns mit sich versöhnt, indem er seinen Sohn gab. Welchen Schritt können Sie heute gehen, um von Ihrer Vergangenheit befreit zu werden? Ein Gebet sprechen? Einen Seelsorgetermin vereinbaren? Einen Brief schreiben? Eine mutige Entscheidung treffen?

## Kapitel 9

# GOTTES LIEBE RICHTET AUF

## Die gebeugte Frau

Er ist ein Fels, ein sichrer Hort,
und Wunder sollen schauen,
die sich auf sein wahrhaftig Wort
verlassen und ihm trauen.
Er hat's gesagt, und darauf wagt
mein Herz es froh und unverzagt
und lässt sich gar nicht grauen.

Philipp Spitta, 1833

Als Jesus einmal an einem Sabbat in der Synagoge lehrte, sah er eine Frau, die durch einen bösen Geist verkrüppelt war. Seit achtzehn Jahren war sie verkrümmt und konnte nicht gerade stehen. Als Jesus sie sah, rief er sie zu sich und sagte: „Frau, du bist von deiner Krankheit erlöst!" Dann berührte er sie, und sofort konnte sie sich aufrichten. Da lobte sie Gott und dankte ihm!

*Lukas 13,10-13*

Schon immer hat mich die Geschichte der verkrümmten Frau bewegt, vielleicht auch, weil ich mich selbst ein Stück in ihr wiedererkenne. Wie sie sich wohl gefühlt haben mag? Was in ihr vorgegangen ist, als sie Jesus begegnete? Ich stelle mir das so vor:

*Ich möchte Ihnen gerne von einer ganz besonderen Erfahrung erzählen. Einer Erfahrung, die für mich einmalig war und von der ich heute noch sehr berührt bin. Manchmal kann ich es gar nicht glauben, dass es wirklich geschehen ist, doch dann sehe ich an mir herunter und die Gewissheit kehrt zurück. Dazu müssen Sie wissen, dass ich gekrümmt war. So sehr gekrümmt, dass ich mich nicht mehr aufrichten konnte. Erlebnisse, Erfahrungen in meinem Leben hatten eine solche Last auf meinen Rücken gelegt, dass er immer runder wurde. Doch ich tat alles, damit niemand merkte, wie gebeugt ich war. Ich versuchte es zu verstecken; in mir war ganz viel Schmerz und Scham. Ich fühlte mich wie in braunes Sackleinen gehüllt, durch das an manchen Stellen das Blut meiner Wunden schimmerte. Es war unglaublich anstrengend, meinen Zustand zu vertuschen, doch das Risiko, als Gebeugte erkannt und damit noch „liebensunwerter" zu werden, war mir zu groß. So dämmerte ich in meinem Leben dahin und verlor meinen Lebensmut und meine Lebensfreude.*

*Irgendwann hörte ich von ihm, der durch unser Land zog und die Leute heilte, und irgendetwas in meinem Herzen ließ mich Hoffnung schöpfen. Zu wem hätte ich sonst gehen können, als zu dem, der sagt, dass er das Wasser des Lebens hat ...*

*Also machte ich mich zu ihm auf. Er lehrte in einer Synagoge. Kaum kam ich in den Raum hinein, so voll war es; verkrümmt stand ich am Rand. Was dann geschah, stellte alles in den Schatten, was ich mir in Bezug auf eine Begegnung mit ihm während der Reise vorgestellt hatte. Alle möglichen Szenarien hatte ich mir ausgemalt, doch nichts konnte im Entferntesten an das heranreichen, was dort geschah. Ich weiß auch nicht, wie, aber er hat mich wirklich zwischen und unter all den anderen Menschen gesehen und zu mir gesagt:*

*„Komm zu mir."*

*Erstaunt, ergriffen, verwundert ging ich zu ihm, den Blick auf den Boden gerichtet. Ich war unfähig, ihm in die Augen zu sehen. Doch er nahm mit seiner Hand mein Kinn und hob es hoch. Dabei sah er mich an und sagte: „Du sollst deine Krankheit los sein!"*

*Früher hatte ich mir immer gewünscht, dass mein Rücken sich mit einem Mal strecken würde und ich mich gerade aufrichten könnte, doch es – er – war anders: Leicht, sanft wie ein Regenschauer im Frühling nahm er meine Lasten* und ich konnte mich aufrichten. *Nun konnte ich ihm in die Augen sehen; und was ich dort sah, war das Schönste, was ich je gesehen habe und wohl auch je sehen werde, da es vollkommene Liebe widerspiegelte.*

*Wenn Sie jetzt denken, dass ich laut rufend, hüpfend, tanzend aus dem Raum gesprungen bin –, so war es nicht. Vielmehr hatte ich den Eindruck, ich hätte einen Schatz, den absolut wertvollsten Schatz entdeckt, und ich war berührt, diese Ehre empfangen zu haben. Mit einem Mal wurde mir mein Wert als geliebte Tochter des Vaters bewusst – all das, wozu er mich gemacht hatte und was er in mir sah. Aufgerichtet ging ich fort.*

*Die gebeugte Frau, die ich einst war, ist ein Teil meines Lebens. Aber sie beherrscht mich nicht mehr. Gerne will ich das entdecken, was er für mich vorbereitet hat. Voll Vertrauen und oft noch fassungslos über diese erfahrene Liebe, über diese Gnade, will ich neue Wege gehen und mich nicht mehr verstecken. Von ihm weiß ich mich geliebt, und das ist das Beste und Wichtigste in meinem Leben.*

# Niedergedrückt und aufgerichtet

Erschöpft
Müde
Kraftlos
Leer

Wer kann mir helfen?
Wer gibt mir Schutz?
Wer gibt mir Kraft?

Hallo, rufe ich,
ist da jemand?

Ruhe
Stille

Wie einen Windhauch
höre ich die Stimme
des Einen,
der spricht:
Komm zu mir,
die du müde
und beladen bist.
Ich will
dich erquicken.

# Gedanken zum Bild

Drei verschiedene Körperhaltungen sind in dem Aquarell sichtbar. Im unteren Bildteil kauert eine Frau in einem braunen Kleid. Die Haare fallen ihr übers Gesicht, die Hände umfassen die angezogenen Knie. Durch diese geschlossene Körperhaltung wird die innere Einsamkeit der Frau deutlich. Dann eine aufrechte Frauengestalt, von hinten gemalt, in einem purpurnen Kleid. Purpur war eine Farbe, die lange Zeit nur Königen vorbehalten war. Durch Jesus, dem König von Himmel und Erde, wird aus der gebeugten Frau eine aufrechte Frau, ja, eine Königstochter mit einer neuen Identität und neuem Lebensmut. Das Gesicht am rechten oberen Bildrand lächelt leicht: Es ist dem Betrachter zugewandt und von der erlebten Heilung berührt. Bunte Sprenkel überziehen das Aquarell: Durch die liebevolle Berührung Jesu kommt (neues) Leben.

*Gemälde „Die gebeugte Frau" von Ute Sinn*

## Nachdenkenswert

Die Frau hat sich nicht von der Menschenmenge abhalten lassen, sich Jesus zu nähern. Sie hat gehofft, dass Jesus ihre Verkrümmung heilen kann. Indem sie die Nähe von Jesus suchte, vertraute sie sich ihm mit ihrem Leben an. Ignatius von Loyola brachte dies Jahrhunderte später auf den Punkt:
„Wenige Menschen ahnen, was Gott aus ihnen machen würde, wenn sie sich ihm ganz überließen."

## Angeregt

Jesus möchte unsere Verkrümmungen – zum Beispiel seelische Verletzungen, die wir in unserem Leben erfahren haben –, heilen. Aufgrund seiner Liebe zu uns will er nicht, dass wir gekrümmt durchs Leben gehen, sondern wünscht sich, dass wir uns aufrichten können. Wie heißt die Verkrümmung in Ihrem Leben? Möchten Sie sich von Jesus aufrichten lassen?

## Kapitel 10

# GOTTES LIEBE TRÖSTET
## Die Mutter des Jungen von Nain

Hebe deine Stimme, sprich
mit Macht, dass niemand fürchte sich.
Es kommt der Herr, eu'r Gott ist da
und herrscht gewaltig fern und nah.

Waldemar Rode, 1938

Bald darauf zog Jesus mit seinen Jüngern weiter zur Stadt Nain. Eine große Menschenmenge folgte ihnen. Als er sich der Stadt näherte, kam ihm ein Trauerzug entgegen. Der Tote war der einzige Sohn einer Witwe gewesen, und viele trauerten mit ihr. Als der Herr sie sah, empfand er großes Mitleid mit ihr. „Weine nicht!", sagte er. Und er ging hinüber zur Bahre und berührte sie. Die Träger blieben stehen. „Ich sage dir", sprach Jesus, „steh auf!" Da setzte sich der Verstorbene auf und fing an zu sprechen! So gab Jesus ihn seiner Mutter zurück.

Lukas 7,11-15

Die Altstadt von Jerusalem. Mit meinem Mann bin ich dort zu Besuch und wir schlendern über den Basar, schauen uns hier die ausgestellten Waren an, riechen dort an den exotischen Gewürzen. Auf einmal ertönt lautes Weinen, Rufen, Schreien. Ein Trauerzug kommt auf uns zu. Männer klagen, schwarz gekleidete, verschleierte Frauen jammern. Manche taumeln mehr, als dass sie gehen, und werden von anderen gestützt. In der Mitte wird eine Bahre hochgehalten, auf der der Leichnam eines jungen Mannes liegt, teilweise mit der Landesfahne bedeckt. So ähnlich wie in der Geschichte von der Mutter des Jungen von Nain, denke ich sofort.

Dort treffen zwei Prozessionen am Stadttor von Nain zusammen: Die eine Gruppe ist auf dem Weg hinaus aus der Stadt, die andere will in die Stadt. Die erste Menschenansammlung ist ein Trauerzug. An der Spitze wird eine Bahre getragen, auf der die Leiche eines jungen Mannes liegt. Weinend folgt die Mutter, gestützt und umgeben von Freunden und Verwandten. In der zweiten Gruppe ist Jesus die Hauptperson. Ich stelle mir vor, wie ihn seine Jünger und viele Zuhörer begleiten, reden, lachen und sich freuen, den großen Meister sprechen zu hören.

Leid und Glück prallen hier aufeinander. Auf der einen Seite: tiefe Trauer und Hoffnungslosigkeit. Eine Frau, die schon ihren Mann verloren hat und nun auch ihren Sohn zu Grabe tragen muss. Zu diesem schweren Schicksalsschlag kommt noch das wirtschaftliche Desaster: Damals gab es noch keine Renten- oder Lebensversicherungen. Wenn eine Frau nicht mehr arbeitsfähig war und keine Familie hatte, dann blieb ihr nur noch zu betteln. Neben der großen Trauer wird auch diese Zukunftsaussicht die Witwe belastet haben.

Auf der anderen Seite: Leben und Hoffnung. Jesus inmitten einer Menschenmenge. Doch trotzdem überblickt er die Lage, sieht die Mutter und hat Mitleid mit der Frau: Es jammert ihn.

Wir fühlen uns im Angesicht von Trauernden oft hilflos, wissen nicht, wie wir ihnen begegnen sollen. Doch ganz anders Jesus: Er leidet mit der Witwe, geht auf sie zu und tröstet sie liebevoll: „Weine nicht!" Jesus sieht, wie tieftraurig sie ist und dass sie Trost braucht. Er reagiert nicht, wie wir es vielleicht täten: „Weine nicht, du wirst schon über deinen Schmerz hinwegkommen!", „Das wird schon wieder!" oder „Die Zeit heilt alle Wunden!" Das sind Floskeln, die unsere Hilflosigkeit offenbaren und manchmal auch unsere Unfähigkeit, Traurigkeit auszuhalten.

Jesus jedoch tröstet die Mutter und im nächsten Moment entzieht er der Trauer dieser Frau ihre Grundlage: Er bringt den jungen Mann zurück ins

Leben! Seine Jünger, seine Freunde und die Menschenmenge, die Jesus folgt, sind zu diesem Zeitpunkt schon einiges gewohnt: Krankenheilungen und Dämonenaustreibungen haben sie bereits miterlebt, aber eine Totenauferweckung sehen sie wohl zum ersten Mal. Was für ein Wunder!

Ich kann mir gut vorstellen, wie die Menschen von einem heiligen Schauer erfasst wurden: Ein Toter richtet sich auf und redet! Unvorstellbar! „Hier muss Gott seine Hand im Spiel haben!", mögen sie sich gegenseitig zugerufen haben.

Doch wie einseitig wäre es, wenn wir bei diesen Gefühlen stehen blieben und das Wunder einfach nur als große Attraktion einordnen würden. Jesus zeigt den Menschen, dass er der Herr über Leben und Tod ist. Er wendet sich den Lebenden tröstend und mitfühlend zu und erweckt einen Toten zum Leben.

Jesus ist der Herr über Tod und Leben. Und er setzt auch heute seine Macht zum Trost und zur Freude für die Menschen ein. Weil er sie liebt.

# Eine besondere Bergtour

Ein Familienurlaub in den Bergen. Die beiden Männer unserer Familie, Martin und Philip, beschließen, eine Bergtour zu unternehmen, während Annina, Victoria und ich am See faulenzen. Als die beiden nach einigen Stunden zurückkehren, erzählt Philip aufgeregt:

„Der Aufstieg hat auf einem kleinen Pfad zwischen niedrigen Kiefern begonnen. Ich bin vorneweg gegangen und Papa hinterher. Wäre ich gestolpert, hätte Papa mich gleich auffangen können. Zuerst sind wir ganz begeistert los, doch mit der Zeit wurde der Weg immer schmaler und wir zwei haben kaum noch miteinander geredet. Immer mehr mussten wir uns auf den steinigen Weg konzentrieren. Inzwischen gab es auch keine Bäume mehr, sondern nur noch Felsen, die am Weg aufragten oder auf der anderen Seite steil abfielen. Das Gehen wurde immer mühsamer und gefährlicher. Ich muss zugeben: Ich hab teilweise ganz schön Angst bekommen! Zur Vorsicht holte Papa ein Seil aus seinem Rucksack, das er mir um den Bauch geschlungen hat. Das war wirklich gut, denn wenig später sind auf einmal meine Füße weggerutscht, ich bin gestolpert und das Seil hat sich straff gespannt.

Doch sofort waren Papas Hände da; er hat mich gehalten und wieder aufgerichtet: ‚Ich bin doch ganz dicht hinter dir', hat er mir Mut gemacht. Endlich sind wir auf dem Gipfel angekommen. Wie schön war es da: Fast waren wir über den Wolken und kilometerweit konnte man ins Tal schauen. Zusammen haben wir beide, Papa und ich, diese besondere Bergtour geschafft!"

Als mein Sohn so begeistert von seiner Wanderung mit dem Papa erzählte, war mir, als ob Gott mir sagen würde: „Ute, in schwierigen Lebenssituationen bin ich bei dir. Manchmal meinst du mich nicht zu spüren, doch ich sichere dich und halte dich an meiner rechten Hand." Besonders in Situationen, in denen ich verzweifelt und traurig bin, keinen Ausweg sehe und das Gefühl habe, um mich nur noch Felsen zu haben, erinnere ich mich an diese Wahrheit. Sie tröstet mich und schenkt mir neue Zuversicht.

# Gedanken zum Bild

Christine Hartmann hat Jesus als eine Lichtgestalt dargestellt, ohne Kopf, da sie – wie sie selbst sagt – sich schwertut, Jesus zu malen.

Immer wieder sind wir versucht, uns Jesus vorzustellen. Wie sah er wohl aus? Hatte er einen Bart? War er kräftig? War er schlank? Doch Jesus passt in keine der Schubladen, in die wir ihn immer wieder stecken wollen. Auch die Mutter des Jungen von Nain hat sich vermutlich nicht vorstellen können, dass ihr Sohn wieder lebendig werden könnte. Sie war überwältigt von Trauer.

Doch Jesus sah das Leid der Mutter und wandte sich ihr zu: als Mensch und doch auch als Herr über Leben und Tod. Er erweckte den Jungen zum Leben. Was für eine Macht wird hier sichtbar – sie lässt sich mit keinem Gemälde einfangen!

*Gemälde „Siehe, dein Sohn lebt" von Christine Hartmann*

# Nachdenkenswert

Vielleicht sind Sie, während Sie dies lesen, gerade traurig und wünschen sich Trost und Zuwendung. Jesus ist da! Auch wenn Sie es nicht erwarten oder wahrnehmen, ist Jesus an Ihrer Seite.

# Angeregt

Manchmal kann man in traurigen Lebensphasen kaum in Worte fassen, was einen bewegt. Ich möchte Sie ermutigen, in solchen Situationen einfach Gottes Namen auszusprechen. Eine Hilfe kann auch sein, das Jesusgebet, auch Herzensgebet genannt, zu sprechen. Es ist ein besonders in den orthodoxen Kirchen weit verbreitetes Gebet, bei dem der Name Jesu Christi angerufen wird. Es gibt keinen einheitlichen Gebetstext, man spricht in der Regel wenige Worte im Atemrhythmus. Eine Formulierungsmöglichkeit kann sein:

- Herr Jesus Christus, erbarme dich meiner.
- Herr Jesus Christus, Sohn Gottes, erbarme dich meiner.
- Herr Jesus Christus, Sohn Gottes, hab Erbarmen mit mir.

Probieren Sie es doch einmal aus!

## Kapitel 11

# GOTTES LIEBE RETTET

## *Hagar in der Wüste*

Die Stunde unseres Scheiterns ist die Stunde der
unerhörten Nähe Gottes und nicht der Ferne.

Dietrich Bonhoeffer

Doch Sarai, die Frau Abrams, bekam keine Kinder. ... Da sagte Sarai zu Abram: „Der HERR hat mir keine Kinder geschenkt. Schlaf du mit meiner Sklavin. Vielleicht kann ich durch sie Kinder haben." Abram war einverstanden. Sarai gab ihrem Mann ihre ägyptische Sklavin Hagar als Nebenfrau. ... Abram schlief mit Hagar und sie wurde schwanger. Als Hagar bemerkte, dass sie schwanger war, verachtete sie ihre Herrin Sarai. ... Doch als Sarai [deshalb] hart mit ihr umsprang, lief Hagar fort. Der Engel des HERRN fand Hagar in der Wüste neben der Quelle am Weg nach Schur. Er sprach zu ihr: „Hagar, Sklavin von Sarai, woher kommst du und wohin gehst du?" – „Ich bin auf der Flucht vor meiner Herrin Sarai", antwortete sie. Da sprach der Engel des HERRN: „Kehr zu deiner Herrin zurück und ordne dich ihr unter. Ich werde dir mehr Nachkommen geben, als du zählen kannst. Du wirst einen Sohn bekommen. Nenne ihn Ismael, denn der HERR hat deine Hilferufe gehört ..." Da nannte Hagar den HERRN, der zu ihr gesprochen hatte, El-Roï. Denn sie sagte: „Ich habe den gesehen, der mich sieht!"

1. Mose 16,1-13 (in Auszügen)

Eine ausweglose Situation. Ich denke, jeder kennt Lebensumstände, in denen man sich verloren fühlt, verzweifelt ist und keine Lösung in Sicht scheint. In der Geschichte aus dem 1. Buch Mose befinden sich gleich zwei Frauen in dieser Lage.

Zuerst Sarai. Sarai ist unfruchtbar. Zehn Jahre zuvor hat Gott Abram und ihr eine große Nachkommenschaft verheißen und sie hat noch immer kein Kind geboren. Des Wartens müde geworden, nimmt Sarai die Lage selbst in die Hand und macht sich einen altorientalischen Brauch zunutze: Sie reicht ihre Sklavin, Hagar, als Nebenfrau an Abram weiter, damit diese als Leihmutter ein Kind zur Welt bringt.

Die eigenmächtige Handlung geht auf und Hagar wird schwanger, – aber auch stolz gegenüber Sarai, die sie daraufhin schlecht und herablassend behandelt. Nun ist auch Hagar in einer verzweifelten Situation und entschließt sich – vielleicht impulsiv und ohne groß darüber nachzudenken – zur Flucht. Sie will zurück in ihre Heimat, nach Ägypten, quer durch die Wüste. Doch schnell wird deutlich, dass sie an ihre körperlichen und seelischen Grenzen kommt und ihr Ausbruchsversuch zu scheitern droht.

Müde, verzweifelt und entkräftet gelangt Hagar an den Brunnen einer Oase, wo sie ihren Durst stillt. Hier, an diesem Ort, findet sie der Engel Gottes und spricht sie an: „Hagar!"

Traditionell war es nicht üblich, dass Sklaven mit Namen angesprochen wurden (Wikipedia: Sklavenhandel in der Antike); die liebevolle Anrede macht die Wertschätzung und ihr Ansehen vor Gott deutlich. Dann erkundigt der Engel sich: „Woher kommst du und wohin gehst du?"

Was für eine bedeutsame Frage! Obwohl Gott die Antworten kennt, fordert er Hagar mit diesen Fragen heraus, sich mit ihrer Situation auseinanderzusetzen: Sie kam aus der Sklaverei. Sie wurde an Abram weitergegeben, damit ein Kind gezeugt wird. Nach ihrem Willen hat keiner gefragt. Auch von Liebe war nicht die Rede – sie sollte einfach nur die Funktion einer Leihmutter erfüllen. Und jetzt? Jetzt will sie einfach nur zurück nach Hause.

Doch es kommen sicherlich auch Fragen in Hagar auf: Was wird sie in ihrer Heimat erwarten? Wird sie dort als ledige Schwangere eine bessere Zukunft haben? Wird sie die lange Reise durch die heiße Wüste überleben?

Gottes Engel bittet sie, umzukehren und Sarai als Herrin anzuerkennen. Aber er verheißt ihr auch einen Sohn, dem sie den Namen Ismael geben soll, was übersetzt „Gott hört" bedeutet.

Am Brunnen kann Hagar zwar ihrem Körper das lebenswichtige Wasser zuführen, doch die Fragen nach der Zukunft bleiben. Gott begegnet ihr an einem Ort, wo sie ihren Durst stillen kann, wo er sich aber auch, was viel wichtiger ist, dem Schrei ihrer Seele annimmt.

Es wird deutlich: Er kennt sie, indem er ihren Namen spricht, und Hagar versteht, dass Gott ihre Not wahrnimmt, sie liebt und ihr helfen will. Er hat sie nicht nur in dieser schwierigen Situation mit Sarai gesehen, sondern sieht auch die jetzige Wüstenzeit. Weil Gott Hagar entgegenkommt, bekommt sie eine neue Identität. Für ihn ist sie keine Sklavin, sondern eine Frau, die er an-sieht, der er An-sehen und Würde verleiht. Er will sie auf ihrem Lebensweg führen und ihr eine Verheißung und Zukunft schenken.

Gott schickt Hagar zurück. Zurück zu ihrer Herrin Sarai, aber auch in Sicherheit. Doch die Sklavin geht unter anderen Vorzeichen zurück: Sie weiß um einen Gott, der sie persönlich sieht, der sie liebt und der ihre Bedürfnisse wahrnimmt. Damit wird sie zu jemandem, der nicht mehr für sich selbst kämpfen muss. Gott ist für sie, liebt sie, sieht sie. „Den, der mich angeschaut hat, habe ich tatsächlich hier gesehen!"

# Von Gott gerettet

Aus Lebensgefahr gerettet werden. Nicht mehr dem Tod ausgeliefert sein, sondern Liebe erfahren, eine neue Lebensperspektive bekommen. Gibt es das auch heute oder ist das nur der Stoff von Wundergeschichten aus längst vergangenen Zeiten? Ich glaube: Die Geschichte von Hagar ist aktuell und erlebbar. Eine Zeugin davon ist die Schauspielerin Mirjana Angelina:

Mirjana stammt aus einer Künstlerfamilie. Ihre Urgroßmutter war Opernsängerin, der Urgroßvater Bildhauer und eine Tante Tänzerin. Schon früh nimmt sie Ballettunterricht und weiß: Sie möchte Schauspielerin werden. An der Schauspielschule gilt sie schnell als Talent. Um ihren Lebensunterhalt zu verdienen, arbeitet sie in Bars. Partys, Alkohol und Drogen sind Alltag.

Eines frühen Morgens verlässt sie nach Feierabend die Bar und bricht plötzlich auf der Straße zusammen. Eine akute Alkoholvergiftung. „Mir war in dem Moment bewusst, dass ich sterben würde." In ihr steigt Todesangst auf und sie hat das Empfinden, eine Hand wolle sie in die Dunkelheit ziehen. Doch plötzlich kommt ihr die Erinnerung an eine Freundin, die ihr vor Kurzem den Bibelvers gesagt hat: „Wer den Namen des Herrn anruft, wird gerettet werden!" Sie flüstert nur noch: „Herr Jesus, hilf mir!"

Wie durch ein Wunder überlebt Mirjana. Sie ist fest davon überzeugt, dass Jesus sie errettet hat, und räumt ihr Leben radikal auf: Sie beginnt ganz neu ohne Alkohol, Drogen und Tabletten und sucht Kontakt zu anderen Christen. Immer wieder überlegt sie: „Gott hat mich gerettet ... was soll ich jetzt tun?"

Mirjana nimmt an Gottesdiensten teil und liest begeistert in der Bibel. Immer mehr wird ihr bewusst, wie Gott sie aus Liebe gerettet hat, und sie ist tief davon bewegt. Als ihr Schauspielstudium beendet ist, hat sie schnell den Erfolg, den sie sich immer gewünscht hat. Doch sie erkennt, dass ihr Traumberuf hinter dem Bühnenvorhang auch Schattenseiten hat. Hier ist oft mehr Schein als Sein. Schließlich nimmt sie Abschied vom Theater und gründet gemeinsam mit ihrem Mann eine Gemeinde in München.

Sieben Jahre lang spielt die Schauspielerei nur noch eine Nebenrolle in ihrem Leben, bis Mirjana klar wird, dass sie ihre Begabung für Gott einsetzen möchte. Sie ruft eine christliche Schauspielschule ins Leben, schreibt selbst Dramen, die sie dann zur Aufführung bringt. Auf diese Weise werden andere Menschen mit der Botschaft erreicht, die Mirjana das Leben gerettet hat. Sogar die Geschichte von Hagar macht sie zum Theaterstück: eine alte Geschichte, und doch aktuell und heute noch erfahrbar.

# Gedanken zum Bild

Ein großer Engel ist auf dem Aquarell von Christine Hartmann zu sehen. Sein grünes Gewand symbolisiert Hoffnung. Hoffnung für Hagar, die verzweifelt von Abram und Sarai davongelaufen ist. Die Begegnung findet an einer Quelle in der Wüste statt. Dort wird nicht nur Hagars geschwächter Körper gestärkt, sondern sie bekommt auch neuen Mut geschenkt – Lebensmut.

Die Hände des Gottesboten sind übergroß dargestellt. Damit wird deutlich, mit welcher Kraft und Stärke Gott der Verzweifelten begegnet, sodass sie die Courage aufbringt, zu Sarai und Abram zurückzukehren. Die Zusage Gottes gibt ihr die Kraft dazu: Sie wird einen Sohn bekommen, den sie Ismael – „Gott hört" – nennen soll.

*Gemälde „Gott lässt dich nicht im Elend!" von Christine Hartmann*

# Nachdenkenswert

Gott geht uns nach, in guten Zeiten und auch in schwierigen Lebenssituationen – selbst wenn wir das Empfinden haben, wir seien ganz allein in der Wüste. Gottes tiefes Bedürfnis ist es, uns zu retten: an Leib und Seele. Ganz persönlich und liebevoll.

# Angeregt

- Wenn Sie sich an eine schwierige Lebenssituation erinnern – wie sind Sie damals damit umgegangen?
- Wie würden Sie sich heute verhalten?
- Gibt es für diese Situation biblische Empfehlungen? Suchen Sie entsprechende Bibelverse und schreiben Sie sie sich auf kleine Kärtchen, die Sie zum Beispiel im Geldbeutel mitnehmen.

## Kapitel 12

# GOTTES LIEBE HEILT
## Der Lahme am Teich Bethesda

Nichts tröstet mächtiger als die Gewissheit, mitten im
Elend von der Liebe Gottes umfangen zu werden.

*Johannes Calvin*

Danach ging Jesus zu einem der jüdischen Feste nach Jerusalem hinauf. Innerhalb der Stadtmauern, in der Nähe des Schaftores, befindet sich ein Teich mit fünf Säulenhallen, der auf Hebräisch Bethesda genannt wird. Scharen von kranken Menschen – Blinde, Gelähmte oder Verkrüppelte – lagen in den Hallen. Einer der Männer, die dort lagen, war seit achtunddreißig Jahren krank. Als Jesus ihn sah und erfuhr, wie lange er schon krank war, fragte er ihn: „Willst du gesund werden?" – „Herr, ich kann nicht", sagte der Kranke, „denn ich habe niemanden, der mich in den Teich trägt, wenn sich das Wasser bewegt. Während ich noch versuche hinzugelangen, steigt immer schon ein anderer vor mir hinein." Jesus sagte zu ihm: „Steh auf, nimm deine Matte und geh!" Im selben Augenblick war der Mann geheilt! Er rollte die Matte zusammen und begann umherzugehen.

Johannes 5,1-9

Etwas außerhalb des Tempelbezirks von Jerusalem liegt am Schaftor der Teich Bethesda, der von einer unterirdischen Quelle gespeist wird. Von Zeit zu Zeit bewegt sich die Wasseroberfläche, und genau in diesem Moment hat das Wasser heilende Wirkung. Dieses Wunder geschieht nur ab und an, doch viele Kranke, Blinde, Gelähmte und Ausgezehrte lagern sich um den Teich in der Hoffnung auf Heilung. Die Regierung hat sogar fünf überdachte Hallen um das Wasser gebaut, um den Kranken das Warten zu erleichtern.

An einem jüdischen Feiertag geht Jesus nach Jerusalem. Er kommt herauf aus Galiläa. Nun erreicht er diese Stätte der Krankheit und Verzweiflung, den Teich Bethesda, was übersetzt wohl „Haus der Gnade" bedeutet.

Ihm fällt ein Mann auf, der ein Stück vom Wasser entfernt auf seiner Matte liegt. Ich frage mich: Warum wendet sich Jesus gerade diesem zu? Ist es sein Alter, seine verkrampfte Körperhaltung oder sein resignierter Gesichtsausdruck? Ich stelle mir vor, wie Jesus sich zu ihm setzt und mit ihm ins Gespräch kommt. So erfährt er, dass der andere schon seit achtunddreißig Jahren auf Heilung hofft. Eine unvorstellbar lange Zeit!

Umso kurioser ist die Frage, die Jesus als Nächstes stellt: „Willst du gesund werden?"

Der Mann antwortet: „Herr, ich habe niemand, der mir hilft, in den Teich zu kommen, wenn das Wasser sich bewegt. Und wenn ich es allein versuche, steigt ein anderer vor mir hinein."

Wie tragisch! Auf sich allein gestellt, sind immer die anderen schneller. So lange hat er schon versucht, in diesem Wettkampf mitzuhalten, doch immer wieder erlebt er: Es klappt nicht. Nun hat sich der Kranke mit seinem Leben dort auf seiner kleinen Matte arrangiert: Er wird mit Essen versorgt, kennt die Leute um sich herum, weiß, wie sein kleines Umfeld funktioniert. Sein Leben spielt sich auf wenigen Quadratmetern ab ... Seine Antwort verrät all seine Ratlosigkeit und Resignation.

Auch heute ist manch einer krank. Krank nicht nur im körperlichen Sinne, sondern auch seelisch: enttäuscht vom Leben, hat resigniert und wartet passiv auf „das Wunder der Lebenswendung oder -heilung" hoffend, das nicht geschieht.

Ich stelle mir wieder vor, wie Jesus dem Mann in die Augen sieht, ihm vielleicht die Hand auf die Schulter legt und sagt: „Mach dir nichts mehr vor: Das Wunderwasser wird dir keine Heilung bringen. Und auch andere Menschen können dich nicht gesund machen. Es liegt an deiner Entscheidung: Steh auf, nimm deine Matte und geh!" Sinngemäß könnte man auch sagen: „Steh auf, nimm dein altes Leben und nimm Lebensraum, Lebensfreiheit ein!"

Jesus fordert den Mann in seinem Glauben und aus seinem bisherigen Umfeld heraus und traut ihm ein neues Leben zu: heraus aus Enge, Krankheit und Gelebtwerden, hinein in Weite, Stärke und Verantwortung. Er begegnet dem Mann in Liebe und ist an mehr als an seiner körperlichen Genesung interessiert: Er sieht die resignierte Seele, die nach Freiheit ruft.

Der Mann nimmt diese Herausforderung an: Er steht auf, nimmt seine Matte und geht glücklich seines Weges. Er hat verstanden, dass Jesus ihn liebt, ihm Lebensraum zumutet und zutraut. Diese ganzheitliche Liebe lässt den Mann im wahrsten Sinne des Wortes heil werden.

# Eingerichtet, abgesteckt

Eingerichtet, abgesteckt und scheinbar sicher
ist mein Leben.
Zwar bin ich eingeengt, resigniert, erwarte nicht mehr viel,
aber so kenne ich es – mein Leben.
Jesus fragt mich: Willst du?
Willst du Bewegung? Willst du Freiheit?
Ja, aber
es hilft mir doch keiner, ich bin so oft enttäuscht worden, es nützt doch alles
nichts.
Ja, aber
es ist so schwer, erst sollen sich die anderen ändern, das schaffe ich alles
nicht.
Jesus spricht:
Ich bin mit dir. Ich liebe dich. Ich bin an deiner Seite.
Steh auf, nimm das geschenkte Leben und geh!

# Gedanken zum Bild

Auf den ersten Blick mag es überraschen, dass der Gelähmte in dem Aquarell von Christine Hartmann einen Oberkörper mit kräftigen Muskeln hat. Doch die brauchte er, um sich wenigstens ein bisschen fortzubewegen – und natürlich, um zu versuchen, bei der Bewegung des Wassers rechtzeitig zum Teich zu kommen. Doch niemals war er der Erste.

Ein Grund dafür war, dass er niemanden hatte, der ihm half. Im Hintergrund des Bildes sehen wir Menschen in Zweiergruppen am Teich – der Lahme hingegen war auf sich allein gestellt. Damit wird auch deutlich, dass nicht das Gelähmtsein das eigentliche Problem des Kranken war, sondern seine Resignation und seine Perspektivlosigkeit. Doch Jesus sieht ihn, fordert ihn heraus und schenkt ihm neuen Lebensraum.

*Gemälde „Ich habe keinen Menschen" von Christine Hartmann*

# Nachdenkenswert

Mit dem Mann vom Teich Bethesda ermutigt Jesus uns, unsre „Matte" zu nehmen und zu gehen. Wir können mit Jesus neuen Raum einnehmen bzw. den uns anvertrauten verwandeln. Jesus steht uns liebevoll zur Seite und „stellt unsere Füße auf weiten Raum" (Psalm 31,9).

# Angeregt

- Wo haben Sie sich in Ihrem Leben resigniert „eingerichtet"?
- Woran krankt Ihre Seele?
- Was wollen Sie, das Jesus Ihnen tun soll?

# Hinweise & Impulse für Gruppenstunden

**Kapitel 1**

Gott, der liebevoll Sorgende: „Ich bin der gute Hirte"  § 15

**Johannes 10,11-15**

Weitere Bibeltexte: Psalm 23; Matthäus 23,37b

*Gesprächsimpulse*

- Welche Gleichnisse/Vergleiche fallen Ihnen noch ein, in denen die Bibel den sorgenden und schützenden Charakter Gottes deutlich macht?
- In welchen Lebenssituationen haben Sie Gottes Schutz und Versorgung schon einmal persönlich erlebt?
- Sammeln Sie Anliegen, um gemeinsam für Gottes Schutz und Versorgung zu beten.

**Kapitel 2**

Gott, der liebevolle Vater: „Ich bin der Weg"  § 23

**Johannes 14,6a; Lukas 15,11-32**

Weiterer Bibeltext: Psalm 89

*Gesprächsimpulse*

- Tauschen Sie sich aus: Wie sieht der ideale Vater aus?
- Wie haben Sie Ihren eigenen Vater erlebt?
- Inwieweit übertragen Sie Ihr Vaterbild auf Gott? Wo müssen Sie Ihr Gottesbild deshalb korrigieren?

## Kapitel 3

Gott, der Wahrheit liebevoll spricht: „Ich bin die Wahrheit"   § 33

**Johannes 14,6b; Johannes 18,28-40**

Weiterer Bibeltext: Johannes 1,1-3

*Gesprächsimpulse*

In Johannes 1 steht für „Wort" im griechischen Originaltext „logos". „Logos" hat ein umfassendes Bedeutungsspektrum, u.a. auch „Vernunft, Sinn, Lehrsatz".

- Was bedeutet für Sie Wahrheit? Hat Ihre Definition mit Vernunft oder Sinn zu tun?
- Wie weit beeinflusst Ihre Definition von Wahrheit Ihr Leben, Ihren Glauben, Ihre Entscheidungen, Ihr Urteil über andere Menschen?
- Wie kann die Wahrheit Gottes in unserer Gesellschaft gelebt werden?


## Kapitel 4

Gott, der liebevolle Lebensspender: „Ich bin das Leben"   § 41

**Johannes 14,6c; 4,1-42**

Weitere Bibeltexte: Johannes 6,1-12.25-27

*Gesprächsimpulse*

- Wie wichtig sind materielle Güter für Sie?
- Was macht Sie glücklich, „satt an Leib und Seele"?
- Was meint Jesus, wenn er sagt: „Ihr solltet euch um vergängliche Dinge wie Nahrung nicht solche Sorgen machen. Sucht stattdessen, was euch in das ewige Leben führt, das der Menschensohn euch schenken kann. Denn dazu hat Gott, der Vater, ihn gesandt" (Johannes 6,27)?
- Was bedeutet dies für Sie persönlich?

**Kapitel 5**

Geliebt – als Schwache: Die blutflüssige Frau

Gottes Liebe gibt neue Kraft $\quad$ § 49

**Markus 5,25-34**

Weiterer Bibeltext: 2. Korinther 12,9-10

*Gesprächsimpulse*

- Was bedeutet es für Sie persönlich, „schwach" zu sein?
- Welche Schwachheit plagt Sie im Moment?
- Wie haben Sie Gott in Ihrer Schwachheit schon einmal praktisch erlebt?

**Kapitel 6**

Geliebt – als Gottlose: Zachäus

Gottes Liebe verändert $\quad$ § 57

**Römer 5,6; Lukas 15,1-10**

Weiterer Bibeltext: Apostelgeschichte 8,9-13

*Gesprächsimpulse*

- Vor der Bekehrung zu Jesus hatte Simon der Zauberer – wie Zachäus – Einfluss in der Stadt. Wer hat in Ihrer Stadt politischen oder gesellschaftlichen Einfluss? Sind diese Menschen Christen?
- Beten Sie gemeinsam für diese Menschen.
- Wie unterscheiden sich die Begegnungen, die Zachäus und Simon mit Jesus haben?

## Kapitel 7

Geliebt – als Sünder: die Frau, die Jesus salbt
Gottes Liebe sieht das Herz      § 65
**Römer 5,8; Lukas 7,36-50**
Weiterer Bibeltext: Psalm 32

*Gesprächsimpulse*
- Psalm 32 ist ein sogenannter Buß-Psalm. Wie kann man mit einem schlechten Gewissen, mit begangener Sünde leben?
- Eine Redewendung sagt: „Gnade vor Recht ergehen lassen". Was heißt dies für einen Christen?
- Die Frau, die Jesus salbt, hat Jesus „viel Liebe erwiesen", weil ihr viel vergeben wurde. Wie können Sie Jesus Ihre Liebe erweisen?


## Kapitel 8

Geliebt – als Feinde: Rahab
Gottes Liebe schenkt einen Neuanfang      § 73
**Römer 5,6; Josua 2**
Weiterer Bibeltext: Lukas 23,32-43

*Gesprächsimpulse*
- Welche Mitmenschen erleben Sie als „Feind"?
- Was müsste geschehen, damit aus diesem „Feind" ein „Freund" wird?
- Stellen Sie sich einmal folgenden Blickwinkel vor:
  Sie – das Kreuz – der „Feind"
  Was ändert sich mit dieser Sichtweise?
- Gott schenkt uns einen Neuanfang – nicht nur einmal im Leben, sondern immer wieder. Wie kann Ihnen diese Perspektive im Alltag helfen?

## Kapitel 9

Gottes Liebe richtet auf: Die gebeugte Frau   S 81

**Lukas 13,10-13**

Weiterer Bibeltext: 1. Samuel 2,1-10

*Gesprächsimpulse*

Der Bibeltext in 1. Samuel 2 gibt das Loblied Hannas wieder, die sich nach jahrelanger Kinderlosigkeit sehr über die Geburt ihres Sohnes Samuel freut und Gott mit diesem Lied dankt.

- In welchen Lebenssituationen waren Sie „am Boden"?
- Wie haben Sie das „Aufrichten" durch Gott erlebt?
- Schreiben Sie einen persönlichen Lobgesang für Gott auf!


## Kapitel 10

Gottes Liebe tröstet: Die Mutter des Jungen von Nain  S 89

**Lukas 7,11-15**

Weiterer Bibeltext: Psalm 91

*Gesprächsimpulse*

- Wo benötigen Sie gerade Trost? Welche Gefahren ängstigen Sie?
- Welche Bilder finden Sie in Psalm 91 für den Schutz Gottes?
- Welchen Zuspruch gibt Ihnen Gott durch den Psalmisten?


## Kapitel 11

Gottes Liebe rettet: Hagar in der Wüste   S 97

**1. Mose 16**

Weiterer Bibeltext: Markus 4,35-41

*Gesprächsimpulse*

- Jesus rettet uns – er stillt den Sturm. Welchen „Lebenssturm" erleben Sie gerade?
- Wo suchen Sie Hilfe bzw. wo haben Sie in der Vergangenheit Hilfe gefunden?
- Was bedeutet es, wenn Jesus nach der Stillung des Sturms zu seinen Jüngern sagt: „Warum seid ihr so ängstlich? Habt ihr immer noch keinen Glauben?" Was antworten Sie auf diese Frage?

**Kapitel 12**

Gottes Liebe heilt: Der Lahme am Teich Bethesda

§ 105

**Johannes 5,1-9**

Weiterer Bibeltext: Lukas 17,11-19

*Gesprächsimpulse*

- In welcher Form haben Sie schon einmal Heilung empfangen?
- Sehen Sie Gottes Handeln und Wirken in dieser Heilung?
- Wofür sind Sie Jesus dankbar?
- Haben Sie anderen Menschen von Ihren Erfahrungen mit Jesus erzählt?

# Quellenhinweise

**Seite 17**    Informationen zu Hirten zur Zeit der Bibel aus: W. Philip Keller: *Psalm 23. Aus der Sicht eines Schafhirten*, Asslar 2014

**Seite 21**    Bild „Schäfchen" von Ute Sinn

**Seite 29**    Bild „Vater" von Michael Willfort

**Seite 39**    Bild „Ratloser Gewinner" von Michael Willfort

**Seite 47**    Bild „Die Frau am Brunnen" von Ute Sinn

**Seite 49**    „Sei du Gott mein Licht!" © Rainer Haak, Lüneburg

**Seite 55**    Bild „Die blutflüssige Frau" von Ute Sinn

**Seite 56**    „Nur den Saum deines Gewandes" aus: Jesus berühre mich von Albert Frey, © 2000 SCM Hänssler, 71087 Holzgerlingen für Immanuel Music, Ravensburg

**Seite 57**    „Jesus, wir sehen auf dich", Text & Melodie & Satz Peter Strauch, © 1982 SCM Hänssler, 71087 Holzgerlingen

**Seite 63**    Bild „Herz" von Ute Sinn

**Seite 71**    Bild „Nahe sein" von Michael Willfort

**Seite 79**    Bild „Rahab" von Ingrid Krapoth

**Seite 87**    Bild „Die gebeugte Frau" von Ute Sinn

**Seite 95**    Bild „Siehe, dein Sohn lebt" von Christine Hartmann

**Seite 97**    Zitat von Dietrich Bonhoeffer aus: Manfred Weber (Hrsg.), Dietrich Bonhoeffer – Worte für jeden Tag © 2003 Gütersloher Verlagshaus, Gütersloh, in der Verlagsgruppe Random House GmbH

**Seite 101**   Die Geschichte von Mirjana Angelina basiert auf den
Informationen aus: Hof mit Himmel, Band 4, SCM ERF-Verlag
sowie auf der gleichnamigen Sendung

**Seite 103**   Bild „Gott lässt dich nicht im Elend!" von Christine Hartmann

**Seite 111**   Bild „Ich habe keinen Menschen" von Christine Hartmann

# Zur Autorin

1964 geboren,
am Rand des Ruhrgebietes lebend.
Verheiratet, 3 Kinder.

Mit der Jahrtausendwende Besuch der „Schule für Gebetsseelsorge", Idaho, USA.
Anschließend Fernstudium der „Angewandten Psychologie und Beratung" in
Düsseldorf.
Nach Abschluss des Studiums Durchbruch der Kunst in meinem Leben:
Bereicherung und Erleben des besonderen Dialogs – Auf mich wartete die Weite
des Einen, der Leben lehrt.
Seit 2004 als Seelsorgerin, psychologische Beraterin, in der Vortrags- und Semi-
nararbeit und als Künstlerin tätig.
Fort- und Weiterbildungen in Kinder- und Jugendseelsorge, Traumaberatung,
Ehepaarberatung und Psychopathologie.

Monika Büchel

## Wenn die Angst kommt, bist du da

Von Menschen der Bibel lernen

Biblische Betrachtungen, Bildmeditationen, Praxistipps für die Stille Zeit. Lernen Sie von Menschen der Bibel, wie Sie mit Gott durch Momente und Zeiten der Angst gehen können! Denn auch Frauen und Männer der Bibel hatten Angst vor der Zukunft, vor Veränderungen, vor bestimmten Situationen oder Menschen. „Das Buch vermittelt Trost, Ermutigung und Gottvertrauen in allen Krisenzeiten des Lebens." (Reinhold Ruthe)

Gebunden, 14 x 21,5 cm, 128 Seiten
ISBN 978-3-417-26598-9 (SCM R.Brockhaus)
ISBN 978-3-95568-058-9 (Bibellesebund)